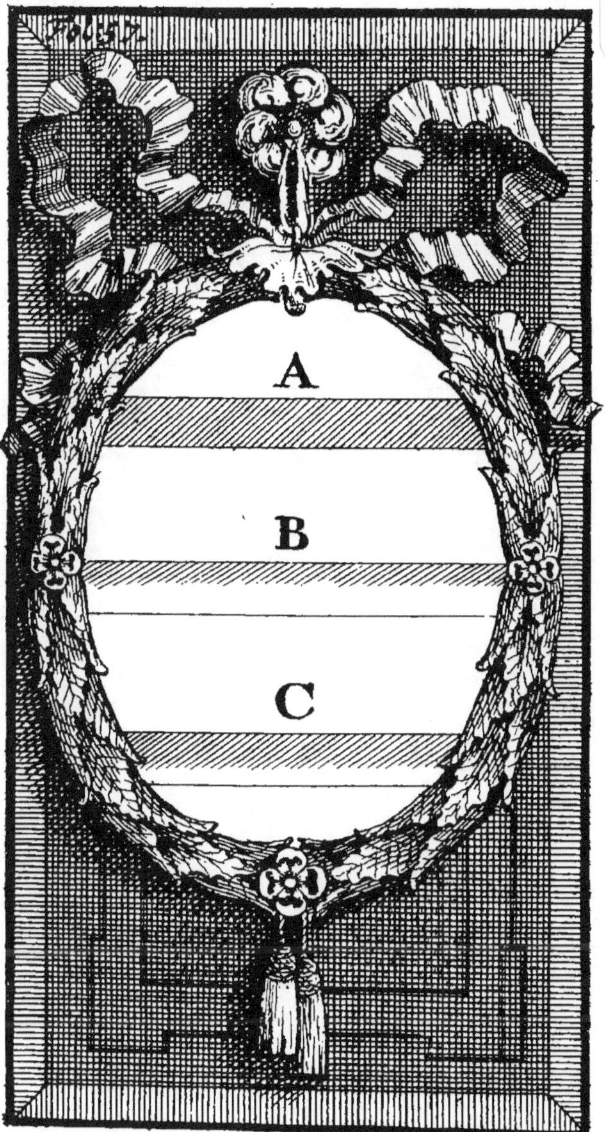

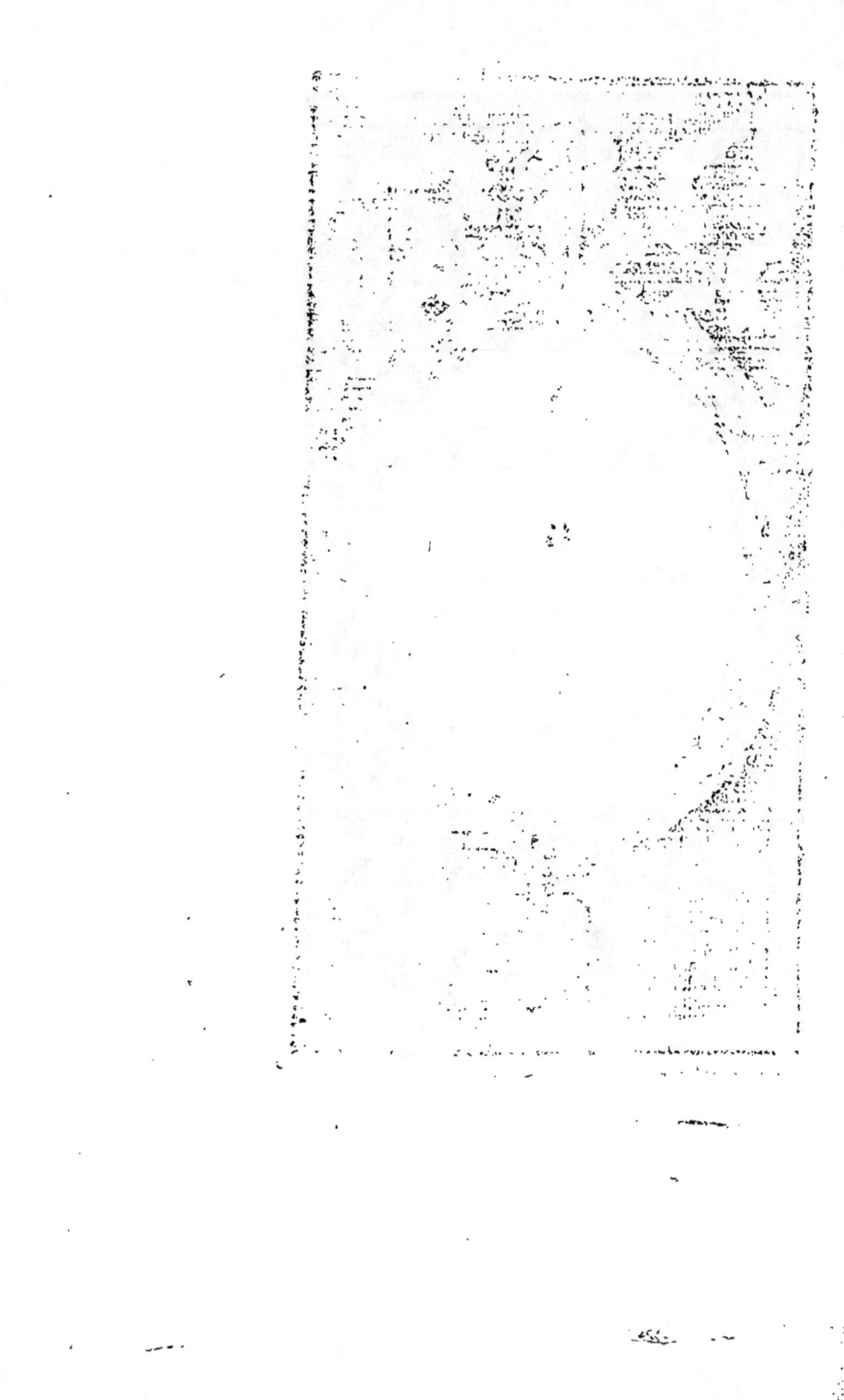

L'ART
DE LAVER,
OU LA
NOUVELLE MANIERE
DE PEINDRE
SUR LE PAPIER,

Suivant le Coloris des Desseins qu'on envoie à la Cour.

Par le Sieur H. GAUTIER *de Nismes.*

Ouvrage nouveau, necessaire aux Ingenieurs & fort utile à ceux qui se servent de Couleurs.

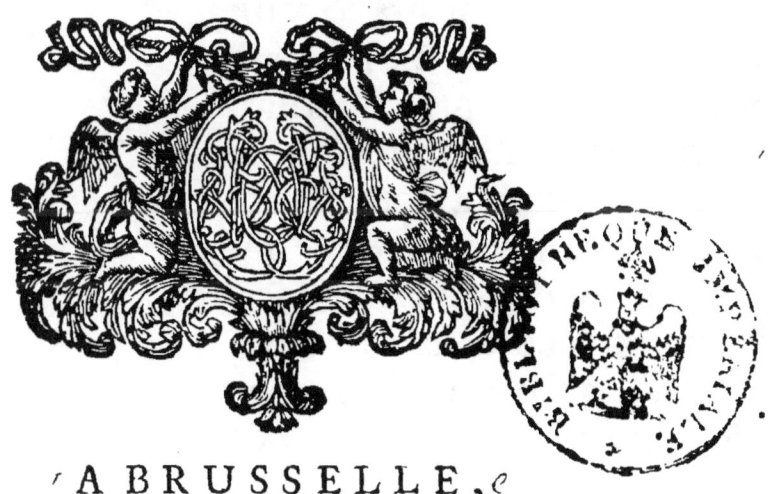

A BRUSSELLE,
Chez FRANÇOIS FOPPENS. 1708.

PREFACE.

LEs deux principaux motifs qui doivent obliger un Auteur de donner ſes Ouvrages au Public, c'eſt à deſſein de faire part à tout le monde de ſes lumieres, & d'en recevoir quelque inſtruction par les avis que lui peuvent donner les Savans; on doit communiquer le bien, & l'on tire de grands avantages de la Critique. C'eſt ainſi que je me ſuis reſolu à mettre ſous la Preſſe L'ART DE LAVER LES PLANS; c'eſt un Ouvrage qui n'eſt pas moins neceſſaire aux Ingenieurs & aux Peintres, que nouveau à la pluſpart des Gens: Il eſt d'une grande utilité à tous ceux qui font profeſſion de mettre les couleurs à toute ſorte d'uſage, particulierement en ce qui regarde la methode de bien deſſiner.

Chaque Science a ſes principes particuliers, qui bien qu'ils dépendent de certaines loix generales & immuables, qui font agir ſi regulierement la Nature, à laquelle toute ſorte d'Art ſe doit rapporter, com-

PREFACE.

me à son modele; ne laissent pas d'avoir quelque difference dans l'execution. Le Lavis est une espece de peinture, c'est elle qui la fait naître en faveur des Dessinateurs; l'execution en est pourtant differente, comme l'on peut voir par les raisons que j'en donne dans ce petit Livre. Nous sommes dans un siécle, où tous les Arts se perfectionnent par les soins merveilleux d'un Monarque qui ne laisse rien échaper à la penetration de son Esprit, & qui ne se plaît guere moins à regner dans la Republique des Lettres, qu'à triompher dans le Champ de Mars; ses grandes generositez obligent également les Savans & les Guerriers de se signaler chacun en son exercice; & l'on peut dire que la quantité de grands ouvrages, que Sa Majesté a fait faire en divers endroits de ses Etats, a donné la naissance à celui que je mets au jour.

Chacun tâche à pouvoir plaire à la Cour, en lui presentant quelques nouveaux desseins, qui paroissent toûjours plus ou moins beaux, sui-

PREFACE.

vant qu'ils aprochent plus ou moins des originaux par le moien du Lavis: Il n'eſt point aujourd'hui de bon Ingenieur qui ne s'en ſerve dans le deſſein qu'il fait des places fortifiées & de toute ſorte d'Architecture militaire; les Architectes même ne ſauroient s'en paſſer dans les élevations de grands bâtimens, pour bien faire paroître les façades; ce qui fait mieux connoître le devis de l'ouvrage, & lui donne un plus bel ornemét.

Tellement que tous ceux qui ſe trouvent dans les emplois, ſont obligés de laver les deſſeins de leurs travaux, pour les avoir bien achevés, en les rendant ainſi ſemblables aux originaux: les Perſonnes même de cabinet, qui ſe plaiſent à s'occuper à quelque deſſein, preferent le Lavis à toute ſorte de Peinture; parce qu'on y emploie beaucoup moins de tems; on y travaille quand on veut ſans que l'interruption y apporte aucun obſtacle, & l'on en a bientôt apris les regles & la pratique.

Ces conſiderations m'ont engagé inſenſiblement à me reſoudre de

PREFACE.

donner au Public une idée d'un Art, qui paroiſſoit être dans une eſpece de cahos, & que j'ai mis dans un état à pouvoir être intelligible & utile à un chacun. Je ne crois pas que perſonne en ait traitté avant moi; bien qu'il y ait bien des gens qui le poſſedent parfaitement. On m'obligera beaucoup de me donner là-deſſus de nouvelles lumieres & de me faire connoître mes fautes, les endroits les plus foibles, & la maniere de me mieux énoncer.

Quoi qu'un nouveau deſſein & une premiere édition ſoient excuſables en quelque maniere, un Auteur doit toûjours attendre moins de flaterie que d'inſtruction, c'eſt à dire que je me fais un grand plaiſir de me perfectionner par les avis de gens qui ſont plus éclairés que moi, & que je m'eſtime fort heureux de pouvoir inſtruire par ce petit Ouvrage ceux qui ignorent les principes de cet Art.

On trouve chez FRANÇOIS FOPPENS *le Traité de Mignature, pour apprendre aiſément à peindre ſans Maître.*

TABLE DES CHAPITRES.

Chap. I. Ce que c'est que laver. page 1

Chap. II. Quelle est la différence de laver, de peindre à l'huile, en detrempe, à fresque, en mignature, sur le verre, en émail, avec des crayons colorés, sur le platre, sur la soye, & d'enluminer. 4

Chap. III. Des couleurs dont on se sert pour laver. 24

Chap. IV. De quelle maniere on connoît les couleurs les plus propres à laver. 43

Chap. V. Des pinceaux propres à laver. 47

Chap. VI. De l'eau gommée pour preparer les couleurs, & la précaution qu'il faut garder en les broyant. 49

Chap. VII. Des coquilles & godets pour tenir les couleurs. 52

Chap. VIII. La maniere de se servir des couleurs qui sont dans les godets. 55

Chap. IX. De quelle maniere on pique un plan pour le dessiner d'après l'original. 59

TABLE

CHAP. X. *De quelle maniere on lave les plans fortifiés, ceux des bâtimens civils & les cartes. Tous auparavant deſſinez avec de l'ancre de la Chine par des lignes ſeulement.* 63

CHAP. XI. *De quelle maniere on lave les profils.* 72

CHAP. XII. *De quelle maniere on lave les élevations.* 79

CHAP. XIII. *De quelle maniere on lave les deſſeins ſcenografiques.* 82

CHAP. XIV. *Des bordures & des cartouches dont on orne les plans, ou les deſſeins lavés.* 100

Abregé alphabetique de laver les principales parties des plans qu'on envoie à la Cour. 105

Fin de la Table des Chapitres.

L'ART DE LAVER,

OU

Nouvelle maniere de peindre sur le papier suivant les Coloris des desseins qu'on envoie en Cour.

CHAPITRE I.

Ce que c'est que Laver.

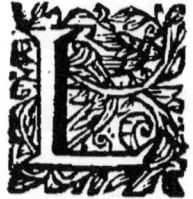Es Desseins de tous les Ouvrages projettés, ou bien de ceux qui sont déja élevés, qu'on envoie en Cour, sont pour l'ordinaire lavés. Et ce qui fait le devis est distingué dans ces desseins

A

par differentes couleurs, qui jointes ensemble chacune à sa place forment un Coloris très-agréable, & donnent à connoître chaque partie du deffein. Car après que le deffein se trouve tracé sur du papier par des lignes noires tirées à la regle, ou autrement, les espaces que renferment ces lignes noires étant des parties de l'ouvrage qu'on deffine, doivent être colorés d'une maniere la plus aprochante de celle de l'ouvrage vû au naturel: Et c'eft pour celà qu'on joint les couleurs bleuës à ces efpaces qui denotent l'endroit d'un foffé plein d'eau, la rouge marque les murailles de brique, la terre d'ombre les chemins, &c. Toutes ces couleurs broiées à part, avec de l'eau gommée, couchées dans ces espaces avec un pinceau, le plus delicatement qu'il eft poffible, & finies avec un autre pinceau fans couleur, forment ce qu'on apelle laver: Et foit qu'il les faille paffer toutes feules dans ces efpaces fans être finies ou autrement suivant que le dessein le permet, elles ne laissent pas de paroître autant que l'intention de l'ouvrier le peut permettre, pour donner tout l'éclat necessaire à son ouvrage. La pratique dans cette rencontre étant absolument necessaire pour ressentir le plaisir qu'il y a de travailler de cette maniere, & pour reconnoître que dans très-peu de tems, on se rend habile maître dans cet Art, fera connoître qu'il n'y a pas tant de difficulté comme on pourroit se l'imaginer. Si on suit exactement les moiens que je donne pour y réüssir, je suis persuadé qu'on deviendra dans peu de tems parfait dans cette occupation.

CHAPITRE II.

Quelle est la différence de laver, peindre à l'huile, à la détrempe, à fraisque, en mignature, sur le verre, en émail, avec des craions colorés, en plâtre, en soie, & d'enluminer.

Quoi que j'aie fait connoître en general quelle est la maniere de laver, il ne sera pas mal à propos pour la distinguer de toutes les autres manieres de peindre, de les raporter toutes comme en abregé, afin qu'on donne raison du travail qu'on fera dans la suite, par une connoissance qu'on aura de toutes celles qui ont paru jusques à present.

On peint de plusieurs manieres, & celle qui paroit le plus presentement se fait à *l'huile*. Pour l'executer on broïe les couleurs avec de l'huile de noix ; & pour faire bientôt secher celles qui le demandent, comme le noir de fumée, la laque, &c. on leur joint de l'huile graffe, ou huile forte, qui fe fait en prenant de l'huile de noix la quantité qu'on veut, qu'on fait bouillir dans un pot avec un nouet rempli de litarge. On laiffe bouillir l'huile jufques à la diminution de la troifiéme partie, &c. Les couleurs étant prêtes, on les pofe chacune à fa place fur une palette qui eft pour l'ordinaire en ovale. A une de fes extremités il y a un trou où le peintre paffe le pouce de la main gauche pour la foûtenir fur le poignet, ou fur le bras. Les trois doigts du milieu de cette main fervent encore pour tenir les pinceaux, & le petit doigt la baguette propre à foutenir la main droite de l'ouvrier lorfqu'il travaille. Plufieurs Peintres tiennent pour un fecret quelque ordre particulier qu'ils gardent à difpofer leurs couleurs fur la palette. Pour moi j'ai ignoré jufques à prefent après plufieurs recherches la raifon de celà. Le Peintre aiant fa palette garnie, &

ses pinceaux préts, ou il faut qu'il travaille sur de la toile, ou sur une planche, ou sur une muraille, ou sur un carton, ou sur du cuivre, &c. Il faudra qu'il imprime auparavant les uns, & les autres d'une, ou de deux couches de couleur, pour unir l'endroit sur lequel il doit travailler. Mais avant que d'imprimer le lieu sur lequel il doit peindre, il y passe une couche de colle s'il est necessaire. Les Corps se trouvans empreints, & unis par la couche de couleur qu'il aura passé dessus après qu'ils seront secs, il fera le dessein qu'il se sera proposé, & avec des couleurs telles que l'ouvrage le demande il peindra ce qui sera necessaire, formant sur sa palette toutes les teintes qu'il faudra, pour les étendre & les faire finir sur le Tableau, afin de faire paroître le dessein au naturel. Voilà en abregé de quelle maniere on conçoit la peinture. Le premier de tous les Peintres qui commença de se servir des couleurs broiées à l'huile, fut *Jean de Bruges* peintre Flamand, qui vivoit dans l'année 1450. après la naissance de Jesus-Christ.

Pour peindre à la *détrempe*, les couleurs dont on se sert sont détrempées avec de la colle de gans fort claire : Et après avoir passé une couche de colle sur l'endroit où l'on veut peindre, on travaille à peu-près comme on peint à l'huile. Il est vrai que comme les couleurs sechent d'abord il faut être habile, & promt à les mêler ensemble pour unir les teintes par le moien d'une brosse qui doit être entre vos mains toûjours toute prête à celà. Dans cette maniere de peindre il y a de certains coups de pinceau qui doivent être extremement hardis; aussi les Peintres doivent savoir parfaitement bien le dessein. Ces sortes d'ouvrages quoi qu'ils ne paroissent pas autant fins que le sauroient être ceux qu'on peint à l'huile ne laissent pas d'être estimés, sur tout lorsque le dessein y est parfaitement bien observé. Ils sont sujets à l'injure du tems qui les ternit beaucoup. Quoique les Autheurs ne s'accordent pas sur le sujet de ceux qui ont été les premiers inventeurs de la Peinture, la verité est que ceux qui ont commencé à peindre ne se servoient point d'huile dans le commencement pour détremper les couleurs; parce qu'on n'en savoit pas l'usage. On se contentoit seulement de les détremper avec de l'eau gommée, ou de la colle; & cette maniere est la premiere de toutes. Les uns disent que c'est *Philocles* Egyptien qui l'inventa le premier. D'autres que c'est *Cleanthe* ou *Ardice* tous deux de Corinthe; & enfin d'autres que c'est *Thelephanes* de Chiarenia au Peloponese qui vivoient tous avant l'année 3200. après la création du monde. *Cleophanne* qui vivoit environ ce tems-là fut le premier qui peignit d'une seule couleur, & *Hygientes*, *Dinias*, & *Chermas* le suivirent après bien-tôt.

On appelle cette maniere, *Peindre en Camaieu*, qui est même fort agréable & à laquelle les éleves peintres s'appliquent dans leurs commencemens.

Peindre à *Fraisque*, c'est peindre sur une muraille nouvellement enduite, & les Peintres doivent dessiner, & peindre en même tems. Il faut donc pour celà être habile dessivateur Car à mesure qu'un Maçon enduit la muraille de mortier, pendant qu'il est tout frais & mol, il faut que le Peintre passe les couleurs dessus ; & chaque coup de pinceau qu'il donne, soit bien ou mal, il paroitra comme il l'aura couché. Ce qu'il y a de particulier dans cette maniere de peindre, c'est que la couleur dure toûjours, Et si elle est exposée au Soleil, & à la pluie, Tout celà ne la ternit point. Quoi que nous soions dans un Siecle, où l'art de la Peinture fleurit autant qu'il ait jamais pû faire, principalement en France ; cependant on trouve peu d'habiles Peintres touchant la maniere de peindre à Fraisque. On voit même très-peu de ces sortes d'ouvrages. Et si avant l'année 1524. après JESUS-CHRIST vivoit *Pierre Perugin* de Perouse, le premier qui ait excellé à peindre en cette maniere, il faut croire que la pluspart des belles dispositions que nous avions à exceller en ce à quoi nous nous emploions, viennent plutôt des effets de la nature qui les veut ainsi, que de l'éducation que nous pouvons avoir dès notre jeunesse.

Mais pour revenir sur le sujet de peindre en *Mignature*, encore que ce soit un Talent tout particulier, qui demande une personne douée d'une patience exterieure, il faut avec celà une très-bonne vûë, & une grande propreté. Quoi que le dessein soit l'ame de la peinture, dans cette rencontre on peut s'en passer, & devenir assez habile ouvrier en Mignature, sans celà; parce qu'on se contente de copier d'après de belles Estampes, dont on calque le deſſein ſur le velin qui eſt ce ſur quoi on travaille : les couleurs dont on ſe ſert pour celà ſont preparées à l'eau gommée, & toutes ſeparées qu'elles ſont on les emploie differemment avec des pinceaux ſi petits, qu'ils n'ont ſi vous voulez que quelques poils pour barbe. Prenant avec les pinceaux des couleurs telles qu'il faut, on en charge les endroits neceſſaires du deſſein, & en pointillant avec les couleurs entieres, on finit l'ouvrage en entremélant les petits points d'une couleur, des autres petits points d'une autre qui lui donne ſon ombre, ou ſon jour. Cette occupation eſt très-belle, & honnête pour des Religieux, Religieuſes, & gens de cabinet. Les ouvrages pour ſi petits qu'ils ſoient ſont très-longs, & ennuieux, mais auſſi quand ils ſont accomplis, on ne ſauroit trop les eſtimer. Quoi qu'on ne ſache pas poſitivement ceux qui ont inventé la maniere de peindre en mignature, il y a *Julio*

Clovio qui a excellé, & qui mourut environ l'année 1573. après Jesus-Christ.

La maniere de peindre fur le *verre* fe fait différemment : les uns fe contentent de mélanger les couleurs avec du vernis de la Chine, ou bien avec de la colle de poiffon, &c. & ainfi peignent fur le verre. Cependant cela n'eft point affeuré, les couleurs terniffent avec le tems, & l'eau quand on vient à laver les verres, emporte en forme d'écailles la peinture qui éclate le plus fouvent de toutes parts. Le moien le plus affeuré qui eft pourtant très-difficile dans l'execution confifte à peindre fur les verres ce que l'on veut, avec des couleurs minerales qui ne changent point par la violence du feu. Ainfi après avoir peint par exemple plufieurs carreaux de vitre, on les met dans un fourneau fait expreffément, lefquels on fait cuire, &c. Voiez *Felibien*. *Claude* qui demeuroit à Marfeille, & le *Frere*

Guillaume Dominicain, ont été les premiers qui ont excellé en la maniere de peindre sur le verre. Ils moururent environ l'année 1537. après Jesus-Christ. Jean Cousin, natif de Soucy très-habile Peintre possedoit très-bien cette maniere de peindre sur le verre, il mourut en l'an 1590. après Jesus-Christ.

Peindre en *Email* se fait en Mignature. Car après qu'on a preparé le dessein, on pose les couleurs sur l'émail de la même maniere qu'on fait sur le velin. Les couleurs doivent resister au feu; parce qu'après qu'on a fini l'ouvrage, pour l'unir il faut le passer dans la mouffle autant de fois qu'il est necessaire. Environ l'année 1580. après Jesus-Christ vivoit *Leonard* le Limosin qui travailloit parfaitement bien en Email.

Ceux qui apprennent à dessiner se servent pour l'ordinaire, dans leurs commencemens, du *Fusin*, qui est un arbrisseau qui porte un fruit gros à peu près comme un pois quarré, decoupé en forme de bonnet de prêtre. On prend des branches de cet arbrisseau, dont on forme de petites pieces longues de trois à quatre pouces, de la grosseur à peu près d'une plume. On fait brûler dans un canon de pistolet toutes ces petites pieces, & on s'en sert pour dessiner comme l'on veut. Les traits que forment ces craions sur le papier s'effacent facilement avec le bout du mouchoir. C'est pour celà qu'on peut se corriger facilement, en dessinant plusieurs fois la même chose.

Ceux qui se servent du *Plomb de Mer* pour dessiner. Il vaut mieux qu'ils l'achetent tout coupé en pierre, qu'en bâton; parce que celui qu'on vend en bâton n'est composé que de petites pieces jointes ensemble avec de la colle qui ne durent qu'un moment. Cependant s'il faut s'en servir à faute d'autres pour choisir les meilleurs il faut secouer les bâtons, & ceux qui resonnent sont ceux qu'il faut laisser. D'avantage les plus pesans sont encore les meilleurs. Quand on garnit un porte-craion, de craions en pierre, il faut faire en sorte que le craion d'un coté de votre porte-crayon soit arrondi, & finisse en une seule pointe; & de l'autre coté le craion sera coupé en forme de pelle, qu'on divisera en deux également en forme d'une fourche, par le moien d'une petite lime à couteau dont on sera pourvû. Cette lime si elle est un peu large servira à les pointer. Pour moi je me sers d'une peau de chien de mer qui couvre un étui à ciseaux, sur laquelle je passe mes craions; & ainsi je les éguise parfaitement. Quand on choisira ces derniers pour ne point se tromper les plus pesans étant comme nous avons dit les meilleurs, il faudra pourtant se fier plûtôt à l'œil, & prendre les plus unis, & les plus durs, si on permet de les laisser tailler à un de leurs côtez. On efface ce qu'on a dessiné avec de la mie de pain blanc qu'on passe par dessus le papier.

Il y a encore le *Craion noir*, ou la pierre noire, dont la plûpart des Massons & des Charpentiers se servent ; mais elle est inutile pour travailler sur le papier, parce qu'elle est trop dure.

Le *Craion rouge*, ou la *Sanguine*, qui est une espece de bol extremement fin, s'emploie fort aisément.

De tous les craions ceux que je viens de nommer sont les seuls qui sont naturels. Mais comme on en fait plusieurs autres qui sont artificiels, & de toute sorte de couleur, on garde en tous le même ordre pour la composition. Supposons ici que nous en voulions faire des rouges. Je considere pour lors si la couleur rouge dont je me sers porte la gomme, ou non. Si elle porte sa gomme je n'emploie point d'eau gommée, mais de l'eau seule. Et si elle ne porte point de gomme, je me sers de l'eau gommée très-
foi-

foible. Je prens donc du Cinabre pour faire le crayon. J'ai de l'eau gommée de l'autre côté. De la ceruse, & du platre très-blanc. Je broie tout celà ensemble, & je forme de petits bâtons de couleur qui me servent à dessiner de la même maniere que fait le plomb de mer, & le crayon rouge. La pratique doit rendre maître ceux qui voudront faire ces sortes de crayons. Car le plus souvent on les fait trop mols, & ainsi s'usant trop facilement, on n'en peut pas dessiner, ou bien autrement étant trop durs à cause de l'eau gommée qui est trop forte, on ne peut pas les faire marquer. On remedie pourtant à tous ces défauts en les broiant derechef sur le marbre, & en y ajoûtant de l'eau gommée s'ils sont trop mols, ou bien y mettant d'avantage de couleurs en augmentant la composition s'ils sont trop durs; & enfin si les crayons sont trop foibles, & qu'il n'y aie pas assez de couleur, on poura leur en ajoûter, pour les reduire dans l'état que vous souhaitez. Après avoir achevé le dessein par les traits de vos crayons colorez, l'ouvrage paroît extrêmement grossier ; mais pour remedier à celà, on le fait fort facilement, en prenant un petit morceau de papier qu'on roule tant qu'on peut, & on l'unit d'un côté à mesure qu'on le plie. Il ne faut pas qu'il soit rogné avec des ciseaux, ou un ganit, mais bien déchiré indifferemment, & le plus droit qu'on peut, parce que de cette maniere les bords du papier déchiré sont ornés de petits filets qui font tout le principal de l'affaire : car étant roulez, & joints ensemble ils forment une espece de brosse la plus commode qu'on peut imaginer, pour unir les couleurs des crayons sur le papier, en les frotant doucement en rond, à travers, à côté, suivant que les endroits le permettent ; & c'est de cette maniere qu'on rend le dessein très-agréable. Un ouvrage n'étant pas plutôt fini avec le crayon seulement, avant qu'il soit uni, si on prétendoit avoir une copie aussi fidèle, & égale à celle que vous venez de faire, vous n'avez qu'à appliquer une fueille de papier sur votre dessein. Et pressant de tous côtés cette feuille de papier avec quelque corps extrêmement uni comme peut être du verre, de l'agathe, &c. Cette feuille de papier, que vous pressez ainsi sur l'autre, vous emportera le même dessein que vous avez fait, mais qui sera posé differemment ; c'est à dire que ce qui sera posé au côté droit de l'original, sera au côté gauche de la copie. *Dumonster* qui vivoit environ l'an 1580. excelloit en peignant avec des crayons de couleur qu'il faisoit lui-même.

Depuis peu on s'est appliqué à peindre sur le plâtre, qui est une maniere de peindre très-belle, mais aussi très-difficile : ceux qui y travaillent s'y prennent de la maniere qui suit : on dessine l'ouvrage sur le plâtre qui est posé sur une table, ou dans un chassis ; ce plâtre est très-uni, parce qu'on l'a couché auparavant. Le dessein étant fait avec de petits instrumens de fer, on creuse les uns plus que les autres, on en remplit les vuides avec les couleurs qu'il faut, qu'on unit ensuite avec de la prêle, & qu'on brunit s'il est necessaire avec la dent de Loup ; ou bien autrement après qu'on a uni l'ouvrage, il y en a qui y passent dessus de l'huile d'olive qu'on adoucit avec un linge.

Quoi qu'il y ait bien d'autres manieres de peindre qui ne sont pas connuës de bien des personnes, comme elles n'ont pas un fort grand éclat, & que même elles sont très-ennuyeuses à les finir, lors qu'on les a commencées, je n'en parlerai pas puisqu'elles ne sont pas d'un grand usage ; je me contenterai de traiter de l'*enlumineure*, & de la maniere de peindre avec *la soie*. Pour travailler sur ce *dernier*, on a de la soie de toute sorte de couleur qu'on hache chacune en particulier si menu qu'on le reduit en poussiere très-subtile : on garde cette poussiere dans de petites boëtes differentes qu'on pose sur une table toutes rangées, pour s'en servir comme je m'en vai dire. On suppose de vouloir peindre un visage, il faut pour cet effet le dessiner auparavant; celà étant fait on a de l'eau gommée un peu forte, qu'on passe dans un seul endroit de ce visage où l'on veut travailler. L'eau gommée étant appliquée avec un petit pinceau, on passe dessus de poussiere de soie de la couleur que l'endroit que vous peignez le demande. On charge ces endroits tantôt d'une couleur, & tantôt d'une autre pour faire les teintes necessaires. Si l'eau gommée vient à secher, il faut y en passer d'autre; & on travaille plus facilement dans un tems humide, pour conserver l'humidité de la gomme, que dans un autre qui la desseche.

Quoi qu'il semble qu'il n'y a pas

grande difference entre laver & *enluminer* un même deſſein, on verra pourtant que lors qu'on lave, on joint les couleurs pour marquer l'ombre dans les endroits du deſſein, où il n'y en a point. Au contraire lorſqu'on enlumine un deſſein il faut que les ombres y ſoient déja marquées. C'eſt pour celà qu'on dit enluminer une eſtampe qui eſt un deſſein parfait, où toutes les ombres ſont accomplies. Au contraire on ne dit pas enluminer un Plan, parce que dans un Plan il n'y a point d'ombres; que s'il en eſt beſoin, il faut que la couleur y ſoit portée pour la former. De plus pour garder les veritables regles de l'enlumineure, il y a bien plus de façon à faire que lors qu'on veut laver: car ſi on veut enluminer une eſtampe, après l'avoir colée ſur une toile, ou ſur un ais de ſapin, on paſſe pardeſſus cette eſtampe une couche de colle de gant très-deliée & fort nette; ou mieux on ſe ſert de la colle qu'on fait avec de l'amidon le plus blanc qu'on peut trouver. Cette couche de colle étant seche on passe par dessus les couleurs necessaires preparées à la détrempe avec l'eau gommée ; & celles qui ne s'étendent pas volontiers on leur joint de fiel de bœuf qui les fait couler parfaitement bien, & leur donne même un plus bel éclat. L'ouvrage étant fini seulement par les couleurs, il est certain qu'il ne paroît point tant comme il faisoit avant qu'on y eut passé dessus plusieurs couleurs ; Mais pour le faire revivre & luy donner tout le lustre qu'on peut souhaiter, on lui passe dessus un vernis fait avec de la colofane, & de l'huile de therebentine. Ce vernis penetre si fort les couleurs qu'il les fait éclater d'une maniere surprenante. Le tems qui devore tout ne laisse pas long-tems ce beau lustre dans le dessein ; car après 5. ou 6. mois on commence d'apercevoir jaunir tous ces ouvrages enluminés, & devenir à la fin le rebut des cabinets. Comme le dessein n'est point necessaire pour devenir habile dans ce métier, & que dans trois ou quatre leçons on en sait toute l'essence; les Dames & les Religieuses se peuvent occuper facilement à cette sorte d'exercice.

CHAPITRE III.

Des Couleurs dont on se sert pour Laver.

LA plûpart des Ingenieurs qui lavent des Plans dans l'usage des couleurs qu'ils emploient pour celà, font des distinctions assez considerables, de celles qui ont des corps, & de celles qui n'en ont point : Mais les unes & les autres, quoiqu'ils en disent, ne laissent pas que d'en avoir. Car si on tire la teinture du bois de Bresil pour faire un rouge, ou celle des Grenettes d'Avignon pour faire un jaune, la couleur même n'est autre chose que de petites parties du bois ou de la graine, qui se sont separées par le moien de l'eau qui les a penetrées, & qui passant & repassant dans leurs pores a emporté ces particules qui se soûtiennent d'elles-mêmes dans l'eau, à cause qu'elles demeurent en Equilibre avec elle. C'est pour celà qu'elle est rouge, ou jaune, &c. Lors qu'on emploie les couleurs on dit qu'elles sont liquides, qu'elles sont sans corps, & qu'elles font le lavis plus net. La pratique fait voir cependant qu'on n'en use guere, & que les autres couleurs qui ont de corps ne laissent pas que de plaire, pourveu qu'elles soient des plus belles, & des plus fines, très-bien broiées, & bien ménagées sur le dessein. La terre d'ombre, le Massicot, les cendres bleuës, & le Carmin, quoiqu'ils soient grossiers, ne laissent pas de paroître plus que toutes les autres couleurs qui sont sans corps, qui ternissent quelque tems après les avoir emploiées: on ne fera donc point de distinction sur ce sujet. Tout ce qu'on considerera ce sera de connoître quelles sont les meilleures pour l'usage; je donnerai les raisons & les moiens pour celà.

Les Couleurs principales sont le *Noir*, & le *Blanc*; le *Violet*, & le *Jaune*: & toutes les autres comme sont le Bleu, le Rouge, le Vert, &c. derivent de ces quatres principales. Car si vous mêlez un jaune avec un Noir, & du Blanc, vous ferez une couleur de terre, ou d'ombre; si vous mêlez un blanc avec un violet, vous ferez un bleu; si vous mêlez un jaune avec un violet, vous ferez un vert; & enfin si vous mêlez un violet, qui est rempli d'un sel Alkali, avec un Acide, vous ferez un très-beau rouge. Il y a quelques Auteurs qui ont parlé des couleurs, mais ils n'ont pas gardé le même ordre. Je ferai pourtant voir par l'experience & par le raisonnement la verité de ce que je dis, lors qu'il faudra venir à l'analise de chaque corps en particulier.

De quelque maniere que ce soit que les couleurs se forment, dans la pratique de laver les Plans, tous ces mélanges ne nous servent de rien.

Les Artistes nous procurent de très-belles couleurs par leur Science, & par leur Art, qui les oblige d'aller fouiller les entrailles de la terre, & les lieux les plus profonds de la mer. De plus les Plantes par leur fruit, par leurs fleurs, par leurs écorces, par leurs bois, par leurs feuilles, & par leurs racines nous produisent une infinité de belles couleurs. De quelque maniere cependant qu'elles soient produites, elles sont comprises à l'usage du lavis sous les noms suivants, à savoir

Pour le Noir.

1 *Le noir de fumée.*
2 *L'ancre de la Chine.*
3 *L'ancre commune.*

Pour le Blanc.

4 *La Ceruse.*

Pour le Violet.
5 L'Indigot.
6 Le Tournesol.

Pour le Jaune.
7 Le massicot citrin.
8 Le massicot doré.
9 L'Orpiment.
10 Le Reagal.
11 L'Estil de Grain.
12 L'Ocre.
13 Le Saffran.
14 La Gutta-gamba.
15 Les Grenettes d'Avignon.

Pour le Bleu.
16 Les Cendres bleuës.
17 L'Indigot fort clair & mêlé avec la Ceruse.
18 Le Tournesol de même mêlé avec la Ceruse.
19 L'Outremer.

Pour le Rouge.
20 La Cinabre preparé.
21 Le Minium.
22 La Laque de Levant & la Laque Colombine.
23 Le Carmin.
24 Le Bol, ou la Sanguine.

25 *Le Brun Rouge.*
26 *La decoction du bois de Bresil.*

Pour le Vert.

27 *Le Vert distillé & le Vert de vessie.*
28 *La terre verte.*
29 *Le Vert de gris broié avec du vinaigre, & du Tartre.*

Pour les Ombres.

30 *La terre d'Ombre.*
31 *Et le Bistre.*

Le *Noir de fumée* se fait avec de la Colofane qu'on brûle dans un fourneau, au dessus duquel il y a un grand Dôme qui reçoit la fumée qui n'est autre chose que les parties de la Colofane que le feu a divisé, & dont le souffre s'est exhalé, s'attachant aux parois du Dôme & s'accrochant les unes aux autres, forment ce qu'on appelle Noir de fumée, ou Noir d'Allemagne. On prend de ce Noir la quantité qu'on veut qu'on broie avec de l'eau gommée très-forte, & on l'emploie avec le pinceau pour laver, ou bien pour dessiner, lors qu'on l'aura mêlée avec du cotton, & qu'on l'aura broiée avec de l'ancre commune. Cette maniere d'ancre est une des plus belles que j'aie jamais vû: si on en dessine des païsages, des bâtimens, &c. il est certain que les traits paroîtront beaucoup plus beaux que ceux qui sont marquez dans l'Estampe que vous copiez. Il y a des personnes qui gardent cet usage de noir à noircir pour un beau secret. Il seroit même à propos que les jeunes gens qui apprennent à dessiner ne s'en servissent point, que lors qu'ils seroient asseurez de travailler avec l'autre ancre commune sans hesiter.

On trouve rarement d'*ancre de la Chine* qui soit bonne, la meilleure vient de Paris. Cependant si on n'a pas les commodités d'en avoir, on peut s'en passer en faisant de la maniere qui suit. Prenez de noiaux de Cerise telle quantité qu'il vous plaira, & que vous ferez brûler pour en avoir les charbons. Lavez-les bien afin que l'eau en emporte la cendre, & qu'ils vous restent bien noirs. Celà étant fait, broiez-les sur un marbre avec de l'eau gommée, y ajoûtant un peu de sel armoniac. Soiez exact à les bien broier. Vous formerez de cette couleur qui doit être extrêmement épaisse des tablettes, ou de petits bâtons quarrés, ou ronds, longs d'un ou deux pouces, & épais d'un demi. Vous ferez secher ces bâtons, & vous les éloignerez de la poussiere; d'autres se servent de noyaux de Pêche brûlez à la place de ceux de Cerise. On peut encore faire d'ancre de la Chine d'une autre maniere, qui est très-bonne, & qui se fait avec du gros papier bleu qu'on fait brûler sur le marbre, & qu'on broie avec l'esprit de vin, y ajoûtant un peu de gomme; on en forme de petits bâtons qu'on conserve pour s'en servir à l'accoûtumée. Lors qu'on veut emploier l'ancre de la Chine, il faut avoir une coquille, ou un godet avec un peu d'eau dedans, & passant contre les parois de la coquille, ou du godet vôtre bâton d'ancre de la Chine, l'eau se noircit, & devient semblable à peu prés à l'ancre commune. On couvre cette coquille de quelque papier, afin qu'il n'y tombe point de poussiere : soit qu'on veuille tirer des lignes, ou bien travailler avec le pinceau, on prend de cette ancre & on s'en sert suivant le besoin qu'on en a. Au défaut de toutes ces sortes d'ancre de la Chine, on peut se servir de l'ancre faite avec le noir de fumée.

L'*Ancre commune* qui se fait avec le vitriol & la gale ronde qu'on fait bouillir dans de l'eau, est meilleure que celle qu'on fait avec le vin. Si elle coule trop aprés qu'on l'a faite, on peut y joindre de la gomme d'Arabie. Cette ancre ménagée est très-bonne, & on l'affoiblit tant qu'on veut en y ajoûtant de l'eau. De plus on l'augmente & on la rend obscure tant qu'on veut,

pour-

pourveu qu'on charge l'ouvrage de nouveau après une ou deux couches. Remarquez, qu'il faut passer cette ancre par une toile épaisse & bien fine d'abord qu'on l'a faite, afin de separer le marc de la gale & du vitriol ; Si l'ancre est empreinte de trop de vitriol, elle perce facilement le papier surquoi on lave. Il faudra donc prendre garde à celà.

La *Ceruse* est le blanc le plus propre pour couvrir bien des défauts. C'est après l'avoir broiée avec de l'eau gommée. On s'en sert plutôt pour couvrir les taches qu'on fait par mégarde sur le Plan que vous lavez, que pour remplir quelques places que ce soit. La seule blancheur du papier suffit pour donner le jour à toute sorte de couleur qu'on emploie ; ainsi la ceruse n'est pas d'un grand usage.

L'*Indigot* se fait d'une plante qui croît dans l'Affrique, qu'on laisse putrifier avec de la chaux. Le tout se fait dans une espece de grand basfin exposé à l'air. On nous apporte cette peinture, qui est très-belle, non seulement pour l'usage de laver, mais encore très-propre pour une infinité d'autres effets: on se contente de la broier avec de l'eau commune sans gomme.

Le *Tournesol* est une très-belle couleur qu'on vend à petits cubes, dont les dimensions sont à peu près d'un pouce; elle se fait avec les feuilles de la fleur de Tournesol qu'on petrit, &c. On la broie avec de l'eau commune. Il faut éviter de n'y point mêler quelque acide, ou quelque alkali; le premier le change en rouge, & le dernier en vert. Le papier sur lequel on l'emploie, doit être extrêmement propre & sans ordure; car s'il y en avoit la moindre, on peut s'imaginer que pour si bien qu'on sache manier le pinceau, on fera une tache qu'on n'effacera point de quelque maniere qu'on s'y prenne.

Le *Massicot Citrin*, & le *Doré*, le premier étant plus clair & le dernier le plus enfoncé, quoi qu'il ne soit pas d'un grand usage, parce qu'ils ont trop de corps, ne laissent pas d'être emploiez principalement dans les païsages sur les terrains qui approchent le plus du bas du Tableau. La Ceruse étant brûlée devient Massicot : on le broie le plus qu'on peut, en y mêlant de l'eau gommée.

L'*Orpiment* est un poison qu'on tire d'une mine dont le jaune est très-beau, mais aussi il est extrêmement épais; c'est pour celà qu'il le faut parfaitement bien broier encore qu'il paroisse clair; étant emploié delicatement il n'en est pas moins beau. Il faut éviter d'en mettre à la bouche avec le pinceau. On la broie avec de l'eau gommée.

Le *Reagal* est un autre poison très-violent qu'on tire des mines. Il est bon d'en deffendre l'usage, pluttôt que de le recommander, de même que celui de l'orpiment, puisqu'on peut se passer de l'un &

de l'autre. Et on le broie avec de l'eau gommée se couvrant le visage avec une serviette pour ne recevoir point les parcelles qui s'exhalent de dessus le marbre lors que vous le broiez.

L'*Estil de grain* est très-rude pour si bien qu'on le veuille broier; on peut y ajoûter de l'eau gommée, mais très-peu. On fait l'estil de grain avec du blanc de Ceruse qu'on broie bien fin, & qu'on mêle avec la decoction des Grenettes d'Avignon, qu'on aura pilé auparavant pour en tirer mieux la teinture; on en fait de petits pains après qu'on en a tiré la teinture. D'autres au lieu de la Ceruse y mettent du blanc de Troye, mais il ne vaut rien.

L'*Ocre* est une terre qu'on tire d'une mine; il la faut bien broier pour s'en servir, en y ajoûtant de l'eau gommée. Si on la fait cuire dans un feu ardent, elle devient rouge.

Le *Saffran* est une fleur qu'on

détrempe avec de l'eau gommée. La couleur paroît belle d'abord, mais elle ternit à la fin & paroît si peu que rien.

Le *Gutta gamba*, *Gutta gammi*, ou *Gomme gut*, est une gomme qu'on ne broie qu'avec le doigt dans la coquille, ou dans le godet avec de l'eau seule. C'est de toutes les couleurs la plus propre, la plus belle, & la plus facile à être employée.

Les *Grenetes d'Avignon* font connoître assez ce qu'elles sont par leur nom ; elles font un très-beau jaune en les faisant bouillir avec de l'eau seulement. D'autres veulent que ce soit avec du vinaigre.

Les *Cendres bleuës* font un très-bel éclat, & si on les emploie épaisses, elles rendent l'ouvrage très-grossier, parce qu'elles ne s'uniffent pas bien avec le jour.

Si on mêle l'*Indigot* avec la *Ceruse*, celà fera une couleur bleuë qui ne me paroît pas necessaire pour laver les Plans. J'estime beaucoup mieux l'emploier seul, & fort clair. Sur le Tournesol on en peut faire de même.

L'*Outremer* me paroît trop grossier, & lorsqu'on ne s'en servira point on ne laissera pas de reüssir dans le laver des Plans. Dans les Païsages on en a de besoin, parce qu'on n'observe pas une parfaite union des couleurs dans de certains endroits.

Le *Cinabre* est un mineral, & on le vend preparé, ou bien en pierre. Du Mercure avec du souffre on fait du Cinabre. Lors que le Cinabre est en pierre, on le prepare en le broiant avec de l'urine d'un petit enfant. On lave souvent cette couleur avec cette urine jusqu'à trois, ou quatre fois : cela étant fait on la desseche, après avoir versé l'urine du vaisseau par inclination. Lorsqu'on veut s'en servir il faut y ajoûter de l'eau gommée & la bien broier.

Le *Minium* se fait du Plomb; C'est un beau rouge pâle; on le détrempe avec de l'eau gommée lorsqu'on le broie; il est bon de le faire passer par le tamis avant que de le broier, parce qu'il s'y trouve très-souvent des ordures.

Il y a la *Laque de Levant*, de *Venise*, & la *Laque Colombine*. Ce sont des couleurs particulieres dont la maniere de les faire, est parmi les gens, qui l'entreprennent, un secret particulier. Cependant parmi nous celà nous est connu. Pour faire une belle Laque on emploie de lessive de serment, de bois de bresil coupé par le menu, de cochenille, de Terra merita, d'alun calciné, de l'os de Seche mis en poudre. On fait bouillir tout celà jusques à ce que la couleur se trouve très-forte. On y jette pour lors un peu d'alun calciné, & on coule cette matiere qu'on fait secher. Quand elle est assez épaisse pour en former de petits trochisques, on les fait de la grosseur qu'on veut. Pour faire la Laque Colombine on se sert du vinaigre à la place de lessive de serment, & on y joint toutes les autres drogues hormis la cochenille. Il faut faire infuser le bresil seul avec le vinaigre pendant un mois. Les couleurs broiées avec un peu d'eau gommée doivent être bien unies par tout également dans les espaces que vous les emploiez.

Le *Carmin* est un des plus beaux rouges pour laver, qu'on sache trouver. Il se fait avec des graines de Cohan, de racourt, de cochenille. Le tout pulverisé qu'on fait bouillir avec de l'eau de fontaine jusques à ce que la couleur soit extremement forte, y ajoûtant un peu d'alun de roche. Vous coulez cette Teinture rouge que vous laissez secher ; & après qu'elle est seche vous la broiez le plus que vous pouvez, & après on la garde dans des Godets ; lorsqu'on s'en veut servir, on y ajoûte un peu d'eau gommée, qui sert à la dilaier.

La *Sanguine* est une couleur qu'on tire des mines. Elle est fort bonne, quoi qu'elle soit d'un rouge pâle & peu éclatant; on la broie avec un peu d'eau gommée.

Le *Brun rouge* est encore necessaire pour les Païsages; on le fait brûler pour le rendre plus doux. On le broie avec de l'eau gommée.

Le bois de *Bresil* bouilli avec de l'eau, y ajoûtant un peu de Cochenille fait un très-beau rouge; on garde cette teinture dans une fiole bien bouchée.

Le *vert de Vessie* n'est autre chose que le suc du fruit de Rhamnus, auquel on mêle un peu d'alun; ce qu'on garde dans une vessie qu'on pend en quelque endroit pour faire secher. Etant sec on l'emploie en le broiant premierement sur un marbre, & le mettant ensuite dans son Godet, ou dans une coquille.

Le *vert distilé* qui se fait avec du vert-de-gris, du vinaigre, & du Tartre, est très-beau.

Le *vert d'Iris* qui se fait avec les feuilles d'Iris dont on choisit la partie la plus bleuë qu'on pile dans un mortier de marbre, ou qu'on broie sur un marbre. On en exprime le suc qu'on garde dans des godets avec un peu d'alun pulverifé. Si on veut faire un bleu de ce vert il y faut jetter de poudre de chaux. Les fleurs de violettes font le même effet.

La *Terre verte* est produite par des mines; on la broie avec de l'eau gommée.

Si on broie le vert-de-gris avec du vinaigre & du tartre, on fera encore un très-beau vert qui sera d'autant plus beau qu'on le laissera vieillir.

Si on fait bruler la terre d'*Ombre* elle en devient plus fine; on se contente de la broier avec de l'eau seule.

Le *Bistre* se fait avec de la Suye qu'on broie avec de l'eau gommée. D'autres veulent que ce soit avec du vinaigre.

CHAPITRE IV.

De quelle maniere on connoît les Couleurs les plus propres à laver.

LE *Noir de fumée* doit être choisi le plus obscur qu'on peut s'imaginer, qu'il ne tire point sur le roux, qu'il soit leger & sans sable.

Pour l'*Ancre de la Chine*, celle-là est la meilleure qui coule le plus, qui ne s'efface pas lorsqu'on l'a emploiée, & qui est très-unie.

Pour l'*Ancre commune*, celle-là est la meilleure qui est sans marc de vitriol, & des galles, & qui est faite avec de l'eau, & non pas avec du vin.

La *Ceruse* doit être douce & très-blanche.

Pour l'*Indigot*, celui-là est le meilleur qui releve le plus en couleur, & qui est le plus fin.

Le *Tournesol* est très-bon si en le coupant avec un couteau, il paroît uni, d'un bleu obscur.

Le *Massicot* citrin, & le massicot doré, les plus doux sont les meilleurs.

L'*Orpiment* si on l'achette en pierre, on doit choisir le plus jaune, & non pas celui qui tire sur le vert.

Le *Reagal* doit être fort jaune & uni.

L'*Estil de grain* doit être fait avec de la Cerufe, & non pas avec du blanc de Troie; le plus jaune est le meilleur.

L'*Ocre* doit être sans sable, & bien unie; & pour s'en servir, on la doit bien broier, la laisser reposer en pâte dans un verre rempli d'eau de fontaine, & prendre le dessus qu'on verse par inclination, ou bien qu'on prend avec une cuilier pour s'en servir. Ce qui reste dans le verre pourra être emploié à d'autres choses.

Le *Saffran* doit être choisi le plus rouge.

La *Gutta gamba* doit être sans ordure, & d'un jaune obscur.

Les *Grenetes d'Avignon* doivent être vertes, & nouvellement cueillies.

Les *Cendres bleuës* doivent être douces, & hautes en couleur.

L'*Outre mer*, le plus relevé en couleur est le meilleur.

Le *Cinabre* doit être bien rouge, & ne tirer point sur le noir; il y en a qui y mêlent de la mine de plomb pour tromper. C'est à quoi il faut prendre garde. Il vaut mieux l'acheter en pierre, & le preparer pour n'être point trompé.

Le *Minium* doit être doux, éclatant & sans ordure.

La *Laque* doit être fine, & relever en couleur.

Le *Carmin* doit être sans ordure, & d'une belle couleur de pourpre.

La *Sanguine* doit être douce, & bien rouge.

Le *Brun rouge*, doit être d'un rouge obscur, & non pas pâle obscur; on le prepare comme l'ocre pour s'en servir.

Le bois de *Bresil* doit être choisi le plus rouge & le plus net sans fente.

Le *Vert distillé* doit être bien cristallisé & net, & le *vert de Vessie* d'un vert obscur.

La *Terre verte* ne doit point être de plusieurs couleurs, comme noirâtre dans de certains endroits, & jaunâtre dans d'autres, mais par tout unie d'un vert pâle & obscur.

Le *Vert-de-gris* doit être d'un vert éclatant, ne tirant point sur le blanc.

La *Terre d'Ombre* doit être fine & par tout unie; mais comme elle se trouve grossiere, il faut la preparer comme l'ocre pour s'en servir.

Le *Bistre* doit être d'une couleur noire, & jaunâtre.

CHAPITRE V.

Des Pinceaux propres à Laver.

LOrsqu'on peint à l'huile on n'a pas tant d'égard à la delicatesse d'un pinceau, que quand on lave; il faut pour cet effet qu'un pinceau soit fort doux, & bien pointu. Car ceux qui font plusieurs pointes ne valent rien : de même que ceux dont les poils se courbent en dehors. Pour ne se point tromper il faut en les choisissant les humecter avec de la salive, les portant à la bouche, & avec les levres les unir. Si en les unissant ils ont plusieurs pointes il les faut laisser, & ne prendre que ceux qui n'en ont qu'une. Quoi-qu'il faille de toutes sortes de pinceaux, les principaux, & les plus necessaires sont ceux qui ont à peu près deux lignes, ou 2. lignes & demi ou 3. de diametre. On ne sçauroit se passer de deux, qui doivent être joints ensemble chacun à l'extremité d'un petit manche long de 4. ou 5. pouces. L'un de ces deux pinceaux, fert pour paſſer la couleur ſur le papier, & l'autre pour la faire perdre en l'uniſſant premierement, & enſuite en la finiſſant, comme je montrerai dans la ſuite. On n'a pas plûtôt achevé de travailler que les pinceaux doivent être lavez dans un verre à moitié plein d'eau, pour en faire ſortir la couleur. Ce qui ſe fait en plongeant par pluſieurs fois le pinceau dans l'eau de pluſieurs manieres. Et enſuite le portant à la bouche il faut lui reünir la pointe, & le deſſecher tant qu'on pourra, avant que de le remettre dans ſon étui.

CHAPITRE VI.

De l'eau gommée pour preparer les couleurs, & la precaution qu'il faut garder en les broiant.

COmme les couleurs, qui ont beaucoup de corps, sont celles qui ont le plus de besoin d'être gommées pour rester sur le papier après qu'on les a emploiées; on se sert aussi de l'eau gommée, qui se fait de la maniere suivante.

Prenez de gomme d'Arabie la plus claire & sans ordure de la grosseur d'une noix, que vous pilerez dans un mortier de marbre assez grossierement. Mettez cette gomme dans une fiole de verre qui contienne environ 6. ou 7. onces d'eau; de trois en trois heures remuez l'eau, & la gomme avec une petite spatule de bois. La gomme étant fonduë on se servira de l'eau de cette fiole pour broier les couleurs qui en ont besoin; mais pour

D

les connoître les voici toutes par ordre.

On se servira d'eau gommée pour broier le Noir de fumée, la Ceruse, le Masficot citrin, le Masficot doré, l'Orpiment, le Reagal, l'Estil de grain, l'Ocre, les cendres bleuës, l'Outre-mer, le Cinabre, le Minium, la Laque, le Carmin, la Sanguine, le Brun rouge, le Vert distillé, le Vert de vessie, la Terre verte, la Terre d'ombre, & le Bistre. Les unes en demandent plus, & les autres moins.

On broie les couleurs ordinairement sur une pierre de marbre, & pour la nettoier, il faut y broier du sable avec de l'eau; ce qui le rend extremement propre. Si on y broie de couleur à l'huile qui se soit durcie après en avoir raclé le plus épais, il faut y broier encore dessus du sable, qu'on humectera avec de l'huile de therebentine. Si le marbre n'est que huilé de nouveau, on se contentera d'y broier un

DE LAVER. 51

peu de mie de pain. D'autres y paſſent deſſus du ſavon, &c. Ainſi le marbre étant bien net on prend la couleur qu'on ſouhaite, de la groſſeur d'une noiſette un peu groſſe doit ſuffire, qu'on broie aſſez groſſierement; y ajoûtant enſuite un peu d'eau commune on reduit la couleur en pâte, & on la broie juſques à ce qu'elle ſoit extremement unie ; on connoît qu'elle eſt aſſez broiée en en prenant un peu avec le bout du doigt, ou avec un pinceau qu'on paſſe ſur l'ongle : ſi elle paroît égrenée & rude, il faut la broier davantage ; autrement non. Si en broiant la couleur elle ſe ſeche, il faut l'humecter derechef avec de l'eau commune; & lorſqu'on veut la retirer de deſſus le marbre, ce qui ſe fait avec une corne, ou avec une feuille d'hyvoire, on y ajoûte de l'eau gommée pour aſſeurer la couleur ſur le papier lorſqu'on l'emploiera. On la broie derechef avec cette eau gommée, & après on la retirera de deſſus le marbre avec la corne, plutôt qu'avec un couteau, dont le fer noircit les couleurs pour la mettre dans un godet, ou dans une coquille qu'on aura preparée auparavant comme je m'en vai le montrer.

CHAPITRE VII.

Des Coquilles & des Godets pour tenir les Couleurs.

APrès qu'on a broié les couleurs on les met dans des Coquilles ou dans des Godets; les coquilles doivent être preparées de la maniere qui suit. On prend un certain nombre de coquilles qu'on fait tremper pendant trois ou quatre jours dans de l'eau de fontaine, qu'on retire ensuite, & qu'on fait bouillir dans un pot plein d'eau. On les desseche, & pour lors elles se trouvent prêtes à recevoir la couleur que vous voulez y mettre. Vous garnissez de differentes couleurs plusieurs de ces coquilles que vous conservez, & que vous éloignez de la poussiere.

Au défaut de ces coquilles, & plus proprement on peut se servir de godets d'hyvoire, ou de buis; mais ceux d'hyvoire sont infiniment plus propres, & où la couleur paroît beaucoup plus. Ces godets sont assurez lorsqu'on les pose sur une Table pour travailler; au lieu que les coquilles, pour si peu qu'on remuë la Table, ne font que se mouvoir de tous côtez, & sont sujettes de tourner dessous dessus, & par consequent à verser la couleur, si elle est détrempée. On remedie à tous ces accidens en se servant de godets qui ont la figure suivante. Ils sont ronds, creux en dedans, & plats en dehors; leur diametre est d'un pouce & demy; leur épaisseur dans le fond qui est plat est d'une ligne pour le plus, & les bords joints à cette épaisseur du fond sont de trois lignes, ou un peu plus. Si on les fait de buis, il faut les faire un peu plus épais; mais s'ils font d'hyvoire, les dimensions que j'ai dites suffiront. On garnit ces godets de differentes couleurs qu'on garde dans un étui d'hyvoire, ou de corne, ou d'argent, ou de leton, ou de fer blanc, &c. qui ne tiennent pas par consequent un fort grand espace, & qu'on porte sur soi pour travailler à la campagne, s'il est necessaire lorsqu'on dessine des Païsages, &c. A Paris on vend de ces étuis tous garnis de godets, & de couleurs. Cependant comme on vient à finir toutes ces couleurs, & qu'on ne sait pas même l'usage de toutes, on se trouve pris, ne sachant quelles prendre pour mettre à la place de celles qu'on a emploiées; ainsi il est bon non seulement de les savoir connoître, mais encore de les savoir preparer pour s'en servir dans l'occasion.

Un étui garni de godets remplis de couleurs, & un écritoire où il y aura un demi pié de Roi qui servira de regle; des plumes, un gànif, un porte craion garni, une petite lime, trois ou quatre pinceaux, avec un seul manche, peuvent suffire pour travailler à la campagne, & dans le cabinet.

CHAPITRE VIII.

La maniere de se servir des couleurs qui sont dans les godets.

LOrs qu'on pretend travailler, il faut avoir pour cet effet toutes choses en état. On se poste donc au devant d'une table, qui doit recevoir du jour du côté gauche seulement où vous étes posté. Sur cette table doivent être rangés tous les godets, & à leurs extremitez doit être un verre à demi plein d'eau, au dessus duquel seront vos deux pinceaux couchez par le milieu : au pié de ce verre à quelque pouce de distance on doit mettre son écritoire vis à vis de votre main droite. Cet écritoire sera garni de deux ou trois bonnes plumes taillées differemment pour faire les lignes tantôt groffes & tantôt deliées. L'efpace de la table qui fera entre les godets & votre eftomac, fera occupé par le plan, ou le deffein que vous voulez laver. Et au coté droit du plan, vous tiendrez encore un papier blanc, qui fervira à connoître fi les couleurs font trop claires, ou trop fortes; ce qui fe fera en y paffant deffus de la couleur avec un pinceau, que vous voulez employer fur le plan. Entre vos genoux vous tiendrez un linge blanc qui fervira à effuier les pinceaux, ou bien vos doigts s'ils font colorez. Le plan étant déja tracé par des lignes noires qu'on a tirées avec de l'ancre de la Chine, ou bien avec celle qu'on fait avec le Noir de fumée ; vous couvrez votre Plan avec une feuille de papier pour ne point le falir, & vous ne laiffez à découvert que l'efpace propre à être lavé. Vous couvrez même les godets s'il eft neceffaire, afin que la pouffiere ne terniffe point les couleurs. Toutes choses étant ainsi prêtes, & la couleur que vous voulez emploier qui est dans le godet se trouvant seche, il faut avec le pinceau qui est couché sur le verre, prendre quelques goutes de cette eau qui est dans le verre, & la porter sur la couleur du godet que vous tenez de la main gauche. Après plusieurs fois que vous avez passé le pinceau sur la couleur elle se dilaie facilement pour si bien qu'elle soit gommée. Vous prenez de cette couleur, & vous l'essaiez sur le papier, qui est à coté du Plan, & vous voiez si elle est assez épaisse, ou assez claire. Vous la mettez sur le point que vous demandez, en mettant davantage d'eau dans le godet si elle est trop épaisse. Vous passez donc votre couleur toute entiere s'il ne faut point la faire finir comme la colomne A vous le fait voir, ou bien s'il faut l'adoucir, comme la colomne C vous le montre ; vous en passez un peu comme il est marqué dans la colomne B. La couleur B étant encore toute fraîche avec l'autre pinceau qui est à l'autre bout du manche du premier pinceau, vous unissez le plus delicatement que vous pouvez la couleur B dans l'espace blanc de cette colomne B. Et pour lors la colomne B, deviendra comme la colomne C. Vous ferez de même de toutes les autres couleurs.

Comme la plûpart des Nouveaux n'ont pas accoutumé de manier le pinceau, celà leur fait quelque peine dans le commencement, & ils se trouvent tous entrepris; ainsi il faudra pour s'y accoutumer qu'ils unissent plusieurs de ces colomnes B, les reduisant en C. Cela étant fait ils viendront bien-tôt à bout de leurs ouvrages; un jour d'habitude & de patience terminera leurs entreprises.

Il faut remarquer qu'il y a des couleurs qui sechent plus facilement que les autres sur le papier: c'est c'est ainsi que les plus gommées luiront plus long-tems après qu'elles auront été couchées. De plus le papier le plus gommé se trouve le meilleur, & on n'est point sujet à faire des taches dans le Lavis : Il faut donc pour cet effet que le papier soit bien blanc, bien uni, fin & bien gommé. Un peu de pratique sortira de ce premier & dernier embarras les personnes les moins propres à faire le moindre ouvrage ; & c'est là où consiste toute l'essence du Lavis. Il reste de savoir comme on pique les Plans, & de quelle maniere on les copie ; & puis après nous dirons comment on les lave, chaque partie demandant un coloris particulier.

CHAPITRE IX.

De quelle maniere on pique un Plan pour le dessiner d'après l'Original.

AVant que d'entreprendre de laver un Plan de fortification, ou quelqu'autre que ce soit ; il faut l'avoir bien au net : on le copie ordinairement d'un original qui a servi, ou qui est vieux, ou qui est sale, & où il y peut avoir des fautes qu'il faut corriger : quoy qu'il en soit pour le copier afin de le laver, voici de quelle maniere on agit : on prend le plan qu'il faut copier qu'on pose sur une feuille de papier de la même grandeur que peut être celle où est le dessein. Pour asseurer ces deux feuilles de papier l'une contre l'autre, il y a des personnes qui les joignent par les bords avec des épingles, ce qui perce les feuilles ; ainsi cela est desagreable. Il vaut donc mieux se servir de pincettes d'acier, ou de leton qui se ferment avec des anneaux tant qu'on veut, & qu'on attache aux bords de deux feuilles de papier pour les tenir asseurées; ces pincettes sont extremement plates & unies, & pour si fort qu'elles serrent les feuilles de papier, elles n'y font dessus aucune impression. Les deux feuilles étant bien jointes & bien étenduës sur un grand carton, posé sur la table, on commence de piquer les angles ou les endroits, où les lignes se croisent & se coupent sur le Plan. Cette piqueure se fait avec une très-petite éguille emmanchée au bout d'un petit bâton; elle perce à jour les deux Plans. Il y a des Ingenieurs qui desaprouvent cette methode, & estiment beaucoup mieux presser doucement les Plans, pour que la pointe dont on se sert pour celà puisse être seulement imprimée à l'autre feuille de papier qui est au-dessous. De quelle maniere que ce soit dont vous puissiez vous servir, après que vous avez piqué tout l'ouvrage qui se trouve dans l'original, vous détachez votre copie en ôtant les épingles, ou les pincettes dont vous vous étiez servi pour les joindre; & la feuille de papier se trouvant toute piquée on tire d'un point à un autre des lignes semblables à celles qui sont marquées dans l'original. Ces lignes se tirent premierement avec le crayon qui est fendu en forme de fourche. Le dessein étant fini avec le craion seulement, on passe par dessus ces lignes déja tracées, des lignes noires avec l'encre de la Chine; ce qui finit l'ouvrage pour les traits seulement. Gardant cette exactitude on ne se trompe jamais lorsqu'on copie quelque dessein; car si on vient à tirer des lignes avec le craion qui ne sont pas necessaires, aiant pris un point pour l'autre on se corrige facilement en effaçant ces mêmes lignes avec de la mie de pain blanc. Il faut même s'en servir quoique l'ouvrage ne paroisse point sale avant que de le laver; car après qu'on a tiré avec de l'ancre de la Chine toutes les lignes, & que l'ancre est seche, on frotte le dessein avec de la mie de pain blanc; il faut que cette mie ne soit point trop tendre, parce qu'elle se prend au papier à mesure qu'on la passe dessus.

CHAPITRE X.

De quelle maniere on lave les Plans fortifiez, ceux des bâtimens Civils & les Cartes; tous auparavant dessinez avec de l'ancre de la Chine par des lignes seulement.

ON ne doit jamais entreprendre de laver un Plan, à moins qu'on ne sache parfaitement distinguer toutes ses parties. A l'égard des fortifications, une étude d'un ou de deux mois suffit, non seulement pour les savoir connoître, mais encore pour les savoir décrire sur le papier. Après qu'on en aura une connoissance exacte, il faudra faire une juste distinction du dessein : savoir si ce que vous voulez laver est à projeter, ou bien si ce sont des ouvrages déja accomplis. Si les ouvrages que vous voulez laver sont projetez, il faudra les ombrer avec de l'ancre de la Chine, & ensuite avec du jaune tous indifferemment. Les ouvrages tous lavez de jaune de cette maniere marquent que l'ouvrage est à faire ; & ainsi on se souviendra de ce que je viens de dire exactement pour ne pecher pas contre l'ordre qu'on garde dans les desseins qu'on envoie en Cour, qui ne sont point commencez. De plus comme il se trouve qu'on change très-souvent les fortifications, & qu'à la place des vieilles, on y en fait de nouvelles ; les vieilles fortifications seront marquées dans le Plan en points seulement ; & celles qu'on y devra faire dessus seront tracées comme à l'ordinaire, mais lavées de couleur jaune.

Si les fortifications sont finies, on observera de laver de rouge tous les endroits, où il y a des murailles ; & c'est du Carmin dont on se servira, de Laque fine au defaut du Carmin.

Les Parapets de terre, ou de Gason, seront marquez par de l'ancre de la Chine.

Le Terre-plain sera distingué du Parapet par une touche d'ancre de la Chine moins forte que celle du Parapet, qu'on peut faire assez obscure ; il y en a qui font le Terre-plain, & le chemin couvert de terre d'ombre assez claire, la renforçant du côté du glacis, si c'est sur le chemin couvert qu'on la passe, ou bien par tout également, si c'est sur le terre-plain, fort clair.

Plus l'ouvrage dessiné sur le Plan aprochera de sa perfection, plus aussi il faudra lui donner une couleur qui approche le plus de celles des ouvrages parfaits.

Le dedans des ouvrages de dehors seront lavez de l'ancre de la Chine, ou bien de terre d'ombre fine.

Si le glacis n'est point determiné par une largeur, on se contentera de le laver de jaune, s'il n'est point fini, ou bien de l'ancre de la Chine du côté des angles rentrans, ou saillans, qu'on formera par une

E

touche qui se perdra du côté du glacis, plus elle s'éloignera de l'angle qu'il forme. Il faut donc tirer pour cet effet, s'il est necessaire, une petite ligne du sommet de l'angle qui se perdra dans la campagne, & qui sera ombrée d'un côté seulement. Cette ligne sera à peu près de la longueur de la largueur du Flanc ordinaire de la Place, c'est à dire de 15. ou 20. toises.

Le Fossé sera marqué de terre d'ombre, qui prendra son jour vers le milieu du fossé, ou bien d'un côté seulement, qu'on affectera que le jour viendra ; mais si on suppose que le fossé soit rempli d'eau on l'ombrera avec de l'indigo bien ménagé & fini, ou bien avec des cendres bleuës, extremement finies vers le milieu, l'un & l'autre renforcé du côté de la Contrescarpe & de la muraille, soit qu'on travaille dans les fossez des dehors, ou autrement.

Les Ponts, s'ils sont de pierre,

on les lavera de rouge; & s'ils sont de bois, de terre d'ombre. Enfin tous les ouvrages de bois, comme sont les Palissades, Chandeliers, Fraises, &c. de même lavez avec de la couleur de terre d'ombre.

Le dedans de la Place que les ruës, les contenus des maisons & les jardins occupent, seront lavez differemment.

Les ruës seront laissées toutes blanches.

Les contenus des maisons seront lavez d'un rouge extremement clair, comme est celui du Carmin qu'on affoiblira beaucoup avec de l'eau ; mais si on est obligé de laver le plan d'une maison seulement, dessinée en grand, & dont l'épaisseur des murailles paroîtra sur le papier de la largeur de trois ou quatre lignes il faudra remplir cet espace d'ancre de la Chine, unie le plus qu'on pourra, prenant garde de laisser les espaces des portes & des fenêtres en blanc; & se contentant de marquer leur largeur

& leur longueur par des points ; les escaliers par des lignes ; les cheminées par des points ; les puits, s'ils sont ronds, par deux cercles l'un dans l'autre, dont leur entre-deux sera rempli d'ancre de la Chine également ; laissant le milieu blanc. Les Porches seront distinguez du corps du bâtiment par la couleur de terre d'ombre, très-claire, qu'on finira, de même que les allées des Jardins, qu'on finira des deux côtez & les compartimens comme nous avons dit de terre verte unie & très-claire, & qui paroîtra très-peu. Que si dans l'Icnographie, ou dans le Plan, il est necessaire de faire paroître d'autres parties du bâtiment que celle qu'une Section horisontale peut permettre, il faudra marquer les parties, soit qu'elles soient au-dessous du rés de chauffée, comme sont les grotes, ou bien au dessus comme sont les chambres, galeries, &c. par des points & la veritable Section par des gros Traits, qu'on lavera comme nous avons dit ; n'aiant nul égard à tous ces points.

Si l'on travaille à laver la Carte d'une Province, d'un Diocese, ou d'une Seigneurie, &c. comme il y a des chemins, des montagnes, des rochers, des rivieres, des maisons, &c. l'Icnographie des maisons de campagne, qui feront seules se peuvent marquer rouges; mais s'il y en a plusieurs, & que celà fasse quelqu'espece de village, on les marquera premierement avec des lignes rouges, & l'espace qu'elles contiendront sera lavé de rouge uni. Les separations des champs seront marquées par des lignes droites & égales qui signifieront les sillons du Laboureur. Les sillons du champ voisin seront marquez autrement, & leur separation sera lavée tantôt toute rouge obscure finie, dans un champ seulement, & tantôt toute verte, ou jaune, avec couleur de terre d'ombre finie aussi, &c. évitant de ne point laver s'il se peut deux ou trois champs de suite d'une même couleur. Dans ces sortes de Lavis on emploie de toutes sortes de couleurs qui ternissent le plus. Les Plantes des arbres, s'il le faut marquer, seront figurées par des o, ou par des gros points noirs. Si l'on fait élever les arbres, le Plan en paroîtra beaucoup plus beau.

Les Rochers paroissant Icnographiques de même que le Plan, après qu'on les aura entre-coupez de plusieurs lignes, on les ombrera d'ancre de la Chine finie tantôt d'un côté, tantôt de l'autre, suivant que le jour le permettra.

Les montagnes avec le contour qu'on aura levé le plus exactement qu'on aura pû seront marquées d'un vert obscur fini. Ce qui marque qu'elles seront chargées de broussailles, & de bruiéres. S'il y a des arbres de haute futée, on marquera dessus plusieurs zero. On pointillera avec la plume les contours des montagnes, pour les faire paroître dessinées en Mignature.

Les Rivieres qui tariſſent ſeront marquées avec de la terre d'ombre, & celles où il y a toûjours de l'eau ſeront lavées d'Indigot fini, ou d'Outremer.

Les Marais, les Etangs & les Mers ſeront lavées de même que les rivieres.

Si l'on reduit les operations qu'on fait ſur le terrain, lorſqu'on leve la carte de quelque païs à l'échelle de 10. lignes pour mille toiſes, c'eſt à dire 100 toiſes par ligne; Il eſt certain qu'on pourroit marquer deſſus la Carte toutes les operations qui contiendroient les Chemins, & les contours des Seigneuries. Et ainſi lavant d'une ſeule couleur toutes les terres d'un ſeul Seigneur de village pour les diſtinguer de celles d'un autre qui ſeroient d'une autre couleur, on feroit dans peu de tems une Carte, non ſeulement exacte, parce que cela ſe peut faire à la toiſe jointe à la Bouſſole, mais encore très-belle pour la commodité des Etrangers qui voiagent, à cause qu'elle leur marqueroit toute leur route au juste, toise après toise: De même que les Plans de toutes les villes & villages qui seroient raportez en petit au bord de la Carte par une échelle un peu plus grande.

CHAPITRE XI.

De quelle maniere on lave les Profils.

SI on fait bien laver les Plans il est certain que les Profils ne donneront pas beaucoup de peine. Car puisque les profils marquent les mêmes parties de ce Plan que vous avez déja lavé, vous laverez par exemple le dessous de la ligne qui marque le glacis de la même couleur du glacis d'une maniere qui soit finie le plus delicatement qu'on pourra.

Les épaisseurs des murailles seront marquées d'ancre de la Chine unie: & si elles sont dessinées par une ligne seulement, cette ligne sera lavée de rouge qui se finira dans le terrain.

Les Chemins couverts & les Terre-plains, de couleur d'ombre finie.

Les Parapets, d'ancre de la Chine finie; toutes les couleurs se finiront dans le terrain.

Les Profils dessinez en perspective font paroître des faces entieres de l'ouvrage; ces faces seront marquées de la maniere que je le dirai lorsqu'il faudra laver des desseins Scenographiques.

Pour l'Architecture civile, les projets des bâtimens seront marquez differemment.

Les épaisseurs des murailles seront marquées d'ancre de la Chine foible, unie; & les endroits où seront les fenêtres, les portes, & d'autres semblables ouvertures; tout celà sera lavé d'ancre de la Chine beaucoup plus forte. Ce qui fera paroître tous les endroits plus enfoncez comme au naturel. Les escaliers seront marquez par des points, & les portes qui paroîtront Orthographiques, feront lavées d'ancre de la Chine trèsforte unie.

Les cheminées feront marquées en point toutes blanches avec une groffe ligne noire aux extremitez.

Les poutres, foliveaux, planches, &c. feront lavez de terre d'ombre.

Les tuiles d'une touche rouge unie, & entrecoupée comme le deffein de l'ouvrage le permet.

Ceux qui travaillent à l'Artillerie, s'ils lavent des deffeins en profil de Canons, de Mortiers & des affûts, ces parties ont des Lavis particuliers. Les bois des affuts font marquez de terre d'ombre. On tâche d'imiter non feulement la couleur du bois, mais encore les pores, & les neuds. Ce qui fe fait avec de petits coups de plume garnie d'ancre de la Chine, qui font tantôt longs comme les pores du bois de chêne blanc, & tantôt en forme de neud, ou de feing, comme ceux du bois de fapin.

Les bandes de fer, cloux, & toute forte de ferraille, fe lave avec de l'ancre de la Chine unie.

L'ame des pieces, foit qu'elles foient d'un mortier à Bombe, ou d'un canon; Tout celà fe fait avec de l'ancre de la Chine finie.

L'épaiffeur du métail avec de cendres bleuës, ou vertes finies.

Le profil d'un boulet fe lavera avec de l'ancre de la Chine unie.

Le Profil d'une bombe de même, d'ancre à la Chine unie; & fi on y joint la fufée, fon profil fera lavé de terre d'ombre. Le dedans des bombes fera ombré d'ancre de la Chine finie en rond & hachée.

Ceux qui travaillent à la conftruction des vaiffeaux, les profils des planches, poutres, & de toute forte de bois, feront lavez de terre d'ombre, toute unie, & tantôt finie. Le vuide des Planches fera lavé d'ancre de la Chine forte. Les cloux feront lavez d'ancre de la Chine très-forte unie. Les cordages d'ancre de la Chine finie du côté de l'ombre qui sera suposée.

Comme il se peut trouver des profils de bien d'autres differens desseins, comme le Profil d'un Port, d'un Golfe, d'une Riviere, desquels on reconnoit les profondeurs par la sonde seulement, on supose pour cet effet une ligne qui traverse l'eau que vous avez sondée ; on marque même sur cette ligne toutes les distances que l'on a prises sur l'eau lorsqu'on a sondé ; & faisant descendre de cette ligne des perpendiculaires de la longueur que la sonde vous a indiquée, vous tracez une ligne courbe circulaire qui passe par tous les points qui forment les extremitez des lignes perpendiculaires. Cette ligne courbe circulaire marque le sable, ou les rochers, ou le terrain qui se trouve au dessous de l'eau. La ligne qui forme la surface de l'eau, se lave avec des cendres bleuës finies en bas, ou du côté de la terre. Les perpendiculaires, qui descendent de cette ligne qui marque le dessus de l'eau, peuvent porter chacune par des chiffres leur longueur par piez, ou par toises : cependant comme on fait plusieurs alignemens sur l'eau aux endroits, où l'on prétend faire quelque part, & que ces alignements sont sondez, & ainsi marquez de distance en distance aux endroits où l'on a jetté le plomb : toutes ces distances marquées sur ces alignemens portent à côté par écrit la profondeur de l'eau du même endroit. On se contentera donc, si l'on fait plûtôt une Icnographie qu'un profil du dessein, de laver les bords de l'eau comme nous avons dit, & le terrain de la maniere que la couleur du païs le permettra.

On fait encore des profils des rochers qu'on a projetté de petarder, ou bien de montagnes entieres ; les premiers se marquent avec l'ancre de la Chine finie ; figurant du côté du centre de la terre plusieurs lignes qui s'entrecoupent, qui deſſignent les differens rochers fendus. Les montagnes, ſi elles ſont de pierres jointes à de la terre, on fera dans le corps du profil des pierres à peu près comme elles ſont dans les montagnes, qu'on peut reconnoître par celles qui paroiſſent au dehors. Si c'eſt du ſable on le marquera par de petits points, s'il y a des cailloux par des zero en ovale ; ſi le terrain eſt rouge on ſe ſervira de ſanguine, ou de bol pour le laver, de brun rouge de même le tout fini: s'il eſt noirâtre, de terre d'ombre finie ; les cailloux ſe laiſſeront tous blancs ; les rochers feront lavez de griſaille finie ; les racines des arbres, de terre d'ombre, mêlée avec de brun rouge ; & les arbres feront élevez par deſſus le profil, s'il y en a, dans les proportions requiſes pour faire paroître le profil comme au naturel ; les brouſſailles de même, & toutes ces plantes lavées de la couleur qui leur sera la plus convenable.

CHAPITRE XII.

De quelle maniere on lave les élevations.

LEs élevations font le plus souvent des desseins Orthographiques sans perspective; après qu'on a fait le plan de quelque bâtiment, on fait les profils des parties de ce plan, & de ces profils on fait les élevations; le plan donne les largeurs & les longueurs sur le rés de chaussée; il n'y a que les largeurs qui servent pour faire une section de l'ouvrage, ou un profil. Mais lorsqu'il faut faire une élevation de l'ouvrage entier, le profil sert pour determiner la hauteur de l'élevation, & sa largeur se determine par la longueur de l'Icnographie, ou du Plan. Mon dessein n'étant point de montrer de quelle maniere on fait les élevations, quoiqu'il y ait bien des personnes qui l'ignorent,

& qui souhaiteroient de l'apprendre, je seray obligé de poursuivre à expliquer le lavis seulement : n'eût été que j'affecte d'être court dans ce petit ouvrage je l'aurois demontré d'une maniere assez claire, pour le faire comprendre à tous ceux qui se feroient bien voulu donner la peine de m'écouter.

Après qu'on a dessiné l'élevation on regarde dans le plan quelles sont les lignes qui doivent être ombrées ; & après les avoir remarquées, il faut les ombrer avec de l'ancre de la Chine finie : sans considerer si c'est un parapet ou une muraille, &c. Celà étant fait on lave les murailles d'un rouge de Carmin extrêmement clair & uni, si c'est une fortification, on remarque le cordon s'il y en a, & au dessous duquel on passera une touche fort deliée & finie d'ancre de la Chine : le cordon restera seul sans être ombré. Si les parapets sont revêtus de murailles on les fera rouges de même que les courtitines, les faces & les flancs : mais s'ils font garnis de gafons couverts d'herbes on les fera verts, & les embrafures ombrées autant qu'il faudra pour faire relever le deffein. Les guerites feront ombrées du côté neceffaire, & lavées de rouge.

Si dans un plan fortifié on fait paroître le glacis, il fera lavé d'un vert obfcur fini, du côté où doivent être pofées les ombres, & le jour fera donné par une touche de jaune fort claire & finie.

Les Architectes après qu'ils ont fait leurs plans, n'executeroient jamais leurs projets s'ils n'avoient les élevations au jufte de toutes les faces de leurs bâtimens ; & pour faire paroître ces élevations par des ombres, les uns fe fervent de Biftre pour laver, les autres de l'ancre de la Chine, les autres de l'Indigot ; pour moi je trouve que l'ancre de la Chine mêlée avec un peu d'Indigot fini fait un très-bel effet, lavant les fenêtres avec de l'ancre de la Chine toute feule, couchée

F

unie & très-forte. Si l'on veut colorer le deſſein élevé d'une autre maniere bien plus agreable, il faut le laver premierement avec de l'ancre de la Chine finie, & enſuite le relaver avec du Carmin très-clair; ou bien autrement, ſi l'élevation contient des colomnes de marbres de differentes couleurs, on imitera toutes ces couleurs, prenant garde ſur tout de bien donner l'ombre. Un beau deſſein élevé, bien lavé & fini, paroît plus propre qu'il ne ſauroit faire s'il étoit peint de quelqu'autre maniere que ce ſoit.

CHAPITRE XIII.

De quelle maniere on lave les deſſeins Scenographiques.

LA Perſpective étant le fondement de ces ſortes d'ouvrages, on voit très-peu de gens qui s'appliquent & qui croient de les poſſeder parfaitement, à cauſe qu'ils ignorent la perſpective; cependant on ne les regle que par elle-même; il est absolument necessaire pour en venir à bout de la posseder. La perspective cavaliere a si peu de bon goût pour les personnes delicates sur ce sujet, qu'elles n'osent pas même daigner y jetter les yeux. J'avouë qne c'est une étude assez difficile à comprendre dans le commencement; & quoi qu'on la possede par la pratique, si l'on ne sait pas raisonner sur ce que l'on fait, on tombe dans des accidens bien plus fâcheux : car il est vrai qu'on s'imagine d'être habile d'abord qu'on sait un peu pratiquer, & ne se fiant pour lors qu'à ses yeux qui ne raisonnent point, on est sujet à faire mille fautes qu'on ne connoît pas ; & cependant on s'opiniâtre de soûtenir sans fondement ce qu'on ignore. C'est ce qu'on voit arriver à la plûpart des jeunes peintres, qui ne peuvent souffrir les examinateurs de leurs ouvrages. S'il y a quelque facilité de laver ces ouvrages, il y a bien plus de difficulté de les composer : le jour & les ombres bien ménagez ne donnent pas moins de peine de les placer à propos que sauroit faire tout le dessein. Ce sont donc deux puissantes difficultez qu'il faudra combattre pour se rendre maître du dessein & pour le laver dans la justesse requise.

Les regles que je pretends donner étant fondées sur la Peinture, l'œil pour distinguer les couleurs necessaires, & la main jointe au pinceau pour les finir après les avoir couchées, fait tout le fondement de cet art.

Après avoir suposé le plan necessaire sur lequel on pose plusieurs élevations comme peuvent être les bâtimens, arbres, montagnes, &c. on divise ce plan, ou cette Icnographie en plusieurs parties, qui dominent d'autant plus qu'elles s'éloignent du bas du Tableau, ou bien qui grossissent à mesure qu'elles s'aprochent & qu'elles s'éloignent du point de veuë, qui est un endroit suposé, tantôt dans le Tableau, & tantôt au dehors de la hauteur de l'œil de celui qui opere, lorsqu'il compose le Tableau, en dessinant à veuë d'œil, ou autrement par les regles de la Perspective. Tous les corps élevez qui seront placez sur ce plan, doivent grossir ou diminuër de la même maniere que les parties de l'Icnographie se trouvent diminuées ou grossies. C'est pour cela qu'on fait les éloignements extrememement petits & plus grands ce qui approche le plus : dans les couleurs du lavis on observe d'atendrir celles qu'on couche dans les éloignements, & de les renforcer plus elles s'aprochent du bas du Tableau, ou du dessein que vous faites.

Les desseins Scenographiques qu'on lavera, ou ce seront des bâtiments, ou des païsages ; si les bâtimens sont des fortifications revetuës de murailles, on les lavera comme on lave les élevations, qui marquent des fortifications : mais si elles font de terre feulement on paffera par deffus des touches de la couleur de la terre dont elles font faites : fi elles font couvertes de gramen on les ombrera d'un vert obfcur tantôt fini & tantôt uni, fuivant que le deffein le permettra ; & le jour fera touché d'un jaune qui fe perdra infenfiblement avec l'ombre verte.

Pour les bâtiments de quelqu'ordre qu'ils foient, on obfervera de leur donner les ombres avec de l'ancre de la Chine, ou avec du Biftre, & enfuite le coloris neceffaire. A tous ces ouvrages, foit des fortifications ou autrement; on doit obferver d'affoiblir les couleurs, plus les parties de l'ouvrage s'éloigneront de vous, ou du bas du tableau.

Les païfages contenant tout ce qu'il y a de plus difficile non feulement pour les peindre, mais encore pour les laver, il fe forme très-fouvent des difputes parmi les

Peintres, savoir si on doit les commencer par l'éloignement, ou bien par ce qui est plus près de nous qui est le bas du tableau : la plus grande partie des Peintres disent qu'il faut commencer par l'éloignement, & se laissant conduire par les feintes les plus douces qu'ils auront déja couché ; & ainsi renforçant les teintes qui approchent le plus du bas du tableau, finissent & jugent insensiblement de leur travail pour le faire paroître comme ils souhaittent. On agit bien autrement dans l'art de laver, on commence plutôt par le bas du dessein que par les éloignements ; la raison de cela est, que comme chaque couleur qu'on couche fait son effet ; & qu'elle ne peut pas être effacée par une autre couleur qu'on passeroit dessus comme font les Peintres par les couleurs à l'huile, on se laisse conduire par ce qu'on a déja fait, en s'éloignant insensiblement du bas du tableau, & en affoiblissant continuellement les couleurs ; ce que l'on voit facilement. Ainsi jugeant parfaitement de son ouvrage on n'est pas sujet à faire des fautes considerables dans le lavis : ceux qui dessinent des Païsages avec la plume garnie d'ancre commune, ou plutôt de celle qu'on fait avec le noir à noircir, &c. n'ont garde de commencer leur ouvrage par les éloignements, par la même raison que j'ai déja dit, que tout coup donné avec la plume, ou avec le pinceau garni de couleur ne sauroit s'effacer, sans charger le papier d'une couleur extrêmement forte, qui l'emplâtreroit & qui même s'écailleroit : cette maniere d'agir ne s'appelleroit pas même laver, mais plutôt peindre à la détrempe : il faudra donc éviter cette façon de laver.

La pratique à laver les païsages donnent à connoître mille fois mieux de quelle maniere il faut s'y prendre, que tous les discours les plus expressifs : cependant pour se dégrossir à cette sorte de travail, je conseillerois à ceux qui veulent s'y appliquer de copier d'après de bons tableaux ; car après qu'ils en auront copié le dessein premierement avec le craion de plomb de mer, & ensuite avec la plume garnie d'ancre de la Chine, avec celle de noir à noircir, toucher les parties d'un dessein des couleurs les plus approchantes de celles du païsage. Après quelque tems d'un exercice semblable, on travaille de soi-même facilement d'après nature. Mais pour éviter les soins que cela pourroit donner à ceux qui s'y occuperont, je tâcherai de faire mon possible d'expliquer de quelle maniere il faudra s'y prendre.

Ou les Personnes qui voudront laver des Païsages sçauront le dessein, ou bien elles l'ignoreront ; si elles savent dessiner, elles ne seront point sujettes à calquer quelque estampe que ce soit ; mais si elles l'ignorent après qu'elles auront choisi l'estampe, qui doit être peu embarrassée dans leurs commencemens à laver, elles prendront une feuille de papier extremement blanche, unie, bien gommée, & forte qui sera de la grandeur de l'estampe ; on mettra cette feuille de papier dessous l'estampe, & entre l'estampe & cette feuille de papier, une autre feuille de papier, à un côté de laquelle on aura passé du crayon de plomb de mer, ou plûtôt de la poussiere même, qu'on aura frotté avec de la toile assez forte. Cette feuille de papier étant bien noire d'un côté on y appliquera immediatement dessus la feuille blanche que vous voulez dessiner, faisant en sorte que le côté noircisse la touche de toutes parts. L'estampe étant appliquée par dessus, & les trois feuilles de papier bien jointes avec des pincettes, plûtôt qu'avec des épingles, on passera sur les gros traits de l'Estampe une pointe assez douce ; afin qu'elle n'en écorche pas le papier. Et après avoir bien recherché tous les principaux traits du deſſein, & qu'ils ſeront bien marquez ſur le papier blanc; ce qu'on connoîtra en le regardant de quelque coin qu'on deſunira de l'eſtampe, en ôtant les pincettes, ou les épingles; ſi l'ouvrage n'eſt pas bien calqué obſcur, pour faire que tous les traits ſoient marquez, on repaſſera plus fortement ſur l'eſtampe la petite pointe, juſques à ce que l'on ait tous les traits bien marquez.

Le deſſein étant tout à fait calqué, on couvre ces lignes, que la feuille couverte de plomp de mer a marqué, d'ancre de la Chine avec la plume, & on le lave de la maniere ſuivante.

Le terrain couvert d'herbes, ou de gaſon du côté des ombres, on y doit paſſer un lavis de terre verte, melée avec de l'ancre de la Chine & du brun rouge, & on peut le faire relever avec de petits coups hachez, le tout fini autant qu'il ſe pourra. Le jour ſera lavé avec du jaune de gomme gutte, qu'on fera relever par de petits coups de pinceaux d'une touche tantôt rouge, fort claire, tantôt bluâtre & tantôt verte finie du côté qui s'éloigne le plus de l'ombre: toutes ces couleurs bien emploiées font un très-bel effet.

Si le terrain n'est point couvert de Pelouse & qu'il soit nud, le Bistre pour les ombres fera un très-bel effet, de même que le brun rouge & le bleu; on n'emploiera point le jaune, ni le vert, qui marquent la couleur du gason couvert d'herbes.

Le terrain qui est au bord des rivieres, ou des fontaines sera, lavé d'un beau vert fini & de couches de jaune assez épaisses, y melant tantôt du bleu & tantôt du rouge. Le jour paroîtra d'un jaune très-clair, qui doit être fini dans le vert.

Le terrain qui forme le bord des rivieres sera ombré de Bistre & de rouge; & du côté du jour on le laissera uni d'un rouge extremement clair & fini; le rouge de crayon ou de sanguine sera pour lors très-propre.

Le terrain qui sera sur le bas du tableau ou dessein, sera extremement obscurci par les ombres, qui doivent être fortes : celui qui sera vers le milieu du tableau, paroîtra moins ombré. On se servira dans cet espace d'Indigot pour les ombres, & de quelque peu de jaune ; le terrain qui sera le plus éloigné, sera ombré d'outre-mer, qu'on rendra plus obscur avec un peu d'indigot s'il est necessaire ; on relevera ces ombres avec un peu de jaune du côté du jour, si le coloris du dessein est jaune ou rouge très-clair, si le coloris est rouge, on se determinera donc pour l'un ou pour l'autre, ou pour celui d'un ciel couvert de nuages : ce qui changera tout le coloris de l'ouvrage, étant obligé pour lors de grisailler & d'obscurcir le vert.

Les rivieres du côté du bas du tableau seront lavées d'Indigot, qu'on éclaircira sur le milieu & qu'on finira imperceptiblement avec de l'outremer du plus bas en couleur sur les éloignemens.

Si l'eau qu'on pretend laver est celle d'une étenduë de mer, celle qui approchera le plus sera obscurcie avec de l'Indigot, ou avec du Tournesol bien emploié, & finira insensiblement : On donnera de petites touches sur les bords pour imiter s'il se peut les ondes ; Il faut être habile Dessinateur, pour les donner comme il faut, sur tout si on les fait en croissant : d'autres qui ne sont point si bien asseurez les font droites & unies, & d'autres ondoyées, qui paroissent même beaucoup lorsqu'elles sont bien finies.

Les Rochers qui seront posés sur le bas du tableau seront lavés de Bistre & d'un peu de jaune d'ocre, y entremêlant du brun rouge ; si les rochers sont couverts de pelouse, on évitera de les laver avec du jaune ; & à la place du jaune on se servira d'un peu de bleu, qui sera très-clair du côté du jour.

Les Rochers qui seront posés sur le milieu du tableau, seront lavés avec de l'ancre de la Chine, & d'un peu de bleu d'outremer; on les ombrera si l'on veut avec du tournesol.

Enfin les rochers, qui seront sur les éloignemens, doivent se perdre dans le coloris des montagnes, les affoiblissant autant qu'il se pourra, & les relevant avec du rouge, si le Coloris le permet, ou bien avec du jaune, qui se mêlera avec de l'outremer du Lointain.

Pour les pierres détachées des rochers, & les cailloux qu'on pose sur la base du tableau seulement, il faudra avoir égard à la couleur du terrain, & le laver avec des couleurs contraires : car si le terrain est vert, les pierres seront blanches; si le terrain est rougeâtre, elles seront encore blanches; mais si le terrain est blanchâtre, les pierres seront à peu près blanches, mais extrêmement chargées d'ancre de la Chine, ou de Biſtre du côté de l'ombre, pour les faire paroître comme il faut.

Les villes & villages, qui feront fur le bas du Tableau, feront lavés avec de l'ancre de la Chine, qui marquera les ombres : fur cette ancre on couchera encore une couleur qui tiendra du coloris de tout l'ouvrage : cependant je ferois d'avis qu'il fût plutôt rouge dans cette occaſion, parce que les bâtimens de ville paroiſſent beaucoup plus : Car comme les faces de grands bâtimens, qui approchent le plus du bas du Tableau, font le plus bel ornement de tout le deſſein, on doit plutôt examiner ces parties, & s'y laiſſer conduire plutôt qu'à tout le reſte. Les toits des maiſons feront marqués encore de rouge, & les fenêtres d'ancre de la Chine unie : on les laiſſera toutes blanches du côté où les faces des maiſons feront ombrées, & on les ombrera du côté où le jour paroîtra.

Si

Si les Villes, Villages, Châteaux, &c. se trouvent placées dans les éloignemens, on les fera perdre en les affoiblissant autant que l'éloignement le permettra, & on marquera le jour de blanc, laissant le papier dans cet endroit tout uni, & les ombres seront données d'outremer; si le terrain, sur lequel ces bâtimens sont placés, doit recevoir ces teintes.

Les Arbres seront lavez différemment, suivant que les parties qui le demandent ainsi, le permettent.

Pour les arbres qui seront posez sur le bas du Tableau, leurs racines, si elles sortent en partie du terrain, seront lavées, avec du bistre, les piés & les branches avec de l'ancre de la Chine, y joignant du brun rouge & un peu de jaune & de bleu: les seins avec de l'ancre de la Chine seule, ou bien de la terre d'ombre, si l'on en a lavé le pié.

Les feuilles des arbres seront

ombrées par touffe ; celles qui seront les plus basses du côté de l'ombre seront lavées avec du vert jaune obscur, separant les touffes les
unes des autres avec un peu de ce
même vert fini. On donnera le jour
à ces Touffes avec du vert distillé
clair & jaune.

Les Arbres dans les éloignemens
seront lavez très-clairs ; les piés
seront fort attendris avec la couleur d'une terre d'ombre, & d'un
peu de bleu, & les feuilles d'un
vert bluâtre, ou rougeâtre suivant
le coloris.

Après qu'on a achevé le Païsage on tâche à faire un Ciel, qui
ait le coloris du terrain des bâtimens, &c. Le Ciel est ordinairement, ou serain, ou rempli de
nuages obscurs, ou blancs, ou
jaunes ou rouges : si le Ciel est serain, on se contente de faire sur le
devant du Tableau, & à côté, quelques touches bleuës d'outremer,
qui se perdent en finissant vers le
milieu du ciel, & l'horison, qui

est la partie du ciel la plus éloignée, sera bordé d'une touche extrémement claire, ou de jaune, ou de rouge, suivant le coloris.

Si le ciel est rempli de nuages obscurs & sombres, on le lavera avec de l'ancre de la Chine, & avec un peu d'indigot, affoiblissant ceux qui tendront dans le lointain.

Si le ciel est rempli de nuages clairs, blancs; on les ombrera avec de l'ancre de la Chine seule très-claire, qui sera relevée à ondes par un jour blanc.

Si le ciel est rempli de nuages jaunes; on les ombrera avec du bistre & de l'ancre de la Chine, les relevant avec un peu de jaune.

Enfin si le ciel est rempli de nuages; on les lavera avec de l'ancre de la Chine seule, & on les relevera avec du Carmin extrêmement affoibli.

Les nuages seront marqués tantôt à ondes, & tantôt à longues saillies, tantôt à côté de ces ondes & tantôt dans l'éloignement du ciel ; les affoibliffant à mefure qu'elles s'approcheront de l'horifon. Ces ondes feront marquées, premierement par un gros trait de plume, qui ira tantôt en rond & tantôt en ferpentant : le jour des ondes fera même borné par ces traits, qui formeront ces ondes ; mais les faillies des nuages feront marquées par les feules touches de couleur, qui finiront en pointe infenfiblement.

CHAPITRE XIV.

Des Bordures, & des Cartouches dont on orne les Plans, ou les deffeins lavez.

ON n'a pas plutôt achevé de laver un deffein qu'on tâche à l'orner d'une bordure, ou d'un beau cartouche. Si le deffein eft grand on fe contente de le terminer par deux ou trois lignes, dont l'une eft extrêmement groffe & l'autre petite lorfqu'il y en a deux;

ou bien celle du milieu est extrêmement grosse, lorsqu'il y en a trois.

S'il y a du papier de reste autour du dessein on fera une bordure de feuilles de chêne, d'un bâton couvert d'un rouleau, de plusieurs fleurs, &c. qu'on lavera suivant que le dessein le permettra : ces bordures composées seront terminées sur les angles du dessein, & sur le milieu des faces, tantôt par des coquilles, tantôt par une grosse feuille de branche ursine, & tantôt par differentes fleurs.

Si le dessein est très-petit, & que l'espace du papier le puisse permettre pour y faire un cartouche qui entoure tout l'ouvrage ; il est certain que le lavis paroîtra beaucoup plus beau que s'il étoit orné d'une bordure simplement ; ainsi on prendra ses mesures là-dessus : que si c'est un païsage très-delicat, on pourra l'orner d'un cartouche tout autour très-bien lavé avec une seule couleur seulement & finie ; si c'est un ouvrage qu'il faille presenter à quelque personne considerable, dont vous cherchez la protection; vous joindrez au-dessus de ce cartouche, qui entoure le Plan, ses armoiries qu'on doit entourer si l'on veut, de saillies des parties du cartouche, & les émaux de l'écu seront appliquez unis, l'or sera marqué d'or en coquille, l'argent d'argent en coquille, & les couleurs éclateront autant qu'il se pourra.

S'il faut faire des inscriptions qui expliquent le contenu de l'ouvrage, on doit éviter de les faire toutes nuës, c'est à dire sans être entourées de quelque cartouche, ou de quelque dessein de rouleau en forme de papier, ruban, tapis, &c. qui les environne. J'avouë qu'on ne peut pas toûjours le faire, & dans les Plans qu'on lave qu'il faut envoier à la hâte en Cour, on ne cherche pas tous ces ornemens pour les faire paroître, & pour le rendre agreable par là, à cause que ce n'est pas en cela, que consiste la perfection de l'ouvrage; Lorsqu'on sera ainsi pressé pour ne perdre pas l'occasion du courrier, qui doit partir à une telle heure precise & qui doit se charger de vôtre dessein lavé, qu'on plie en forme de lettre, couverte d'une envelope aussi grande qu'on pourra le faire, pour ne point flêtrir l'ouvrage par les plis, & replis; on se contentera de faire l'inscription au milieu du ciel dans une ovale, ou dans un double cercle, si c'est un passage; ou bien dans un quarré double, ou dans un rectangle double, posé à un coin du Plan, ou vers le milieu s'il n'y a pas des empêchemens. Les lettres dont on se servira pour marquer les inscriptions seront petites le mieux qu'on pourra afin de faire paroître l'ouvrage plus propre.

Si les Desseins que vous faites sont des ouvrages détachez dans une même feuille de papier, pour lors il ne fera pas neceſſaire de faire des cartouches, parce qu'il en faudroit autant qu'il y auroit d'ouvrages ; & plus ſouvent les cartouches paroîtroient plus que tous les ouvrages ; ſur chaque deſſein en particulier, ou bien à côté.

L'Echelle dans les Icnographies ſera graduelle parfaitement ; les quarreaux qui marquent un dixiéme ou cinquiéme, &c. feront lavez d'ancre de la Chine unie, prenant garde d'en laiſſer un clair, & l'autre ombré, afin de les pouvoir diſtinguer plus aiſément dans l'uſage qu'on en doit faire.

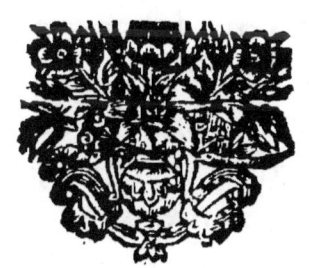

ABREGÉ ALPHABETIQUE,

qui enseigne de quelle maniere on lave toutes les principales parties des Plans, qu'on envoie à la Cour.

A

Affûts, quels qu'ils soient, seront lavés de terre d'ombre, ou de bistre.

Allée de Jardin sera laissée toute blanche.

Ame du Canon en profil, sera lavé d'ancre de la Chine, ou finie, si l'on fait voir scenografiquement une partie de sa concavité.

Aproches seront lavées d'ocre, & leur parquet d'ancre de la Chine.

Aragnée, ou *Rameau* d'une mine, se marquera de points sans lavis.

Arbres élevés dans un Plan seront lavés de vert d'Iris. S'ils sont marqués en grand, on les ombrera avec du biſtre, & on leur donnera le coloris qu'on voudra.

Arcenal, ſes principaux murs feront marquez d'un gros trait de vermillon en forme de deux petites lignes noires.

B

Accules & *Ponts-levis* feront marquez par deux petites lignes moins larges que le Pont, avec ſes gardefous. Au milieu de ces deux lignes on fera une croix; ce qui deſigne encore une Porte.

Banquete, ſe marque par une ligne noire ſeulement, ou bien de rouge, ſi la banquete eſt de brique, ou de maſſonnerie.

Bâteau dans un Plan, comme dans un Port, &c. ſera marqué par une ovale, & lavé d'ancre de la Chine finie d'un côté ſeulement; on en fera de même d'un Vaiſſeau.

Pour la Batterie, ſon parapet ſera laissé tout blanc, les embrasu-res noires, & la plateforme de terre d'ombre, si elle est couverte de planches.

Berme, *Lisiere*, ou *Pas de Souris* se laisse toute blanche.

Blindes de terre d'ombre.

Bois, ou *Forêts* de vert d'Iris.

Pour les Bombes en profil, leur épaisseur se remplit d'ancre de la Chine unie, ou bien on la laisse blanche & le dedans, ou leur chambre se marque noire.

Boussole, signe du Plan Orienté se marque par une grande Croix fleurdelisée d'un côté & de l'autre en langue de serpent, ou en forme de flêche, où l'on mettra les noms du Nord, & du Sud si l'on veut. Dans les Cartes Marines on divise le Cercle en 32. parties égales, qui marquent les vents, les rumbs, &c. Les 4. vents principaux en lignes noires, les vents collateraux en lignes noires pouchées, & les rumbs, en lignes rouges fort déliées.

Pour la Bordure, on la releve tant qu'on peut de quelque maniere qu'elle soit.

Boyaux d'une Tranchée d'ocre finie.

Bréche se lave d'ocre finie, ponctuée de rouge, ou de petites lignes rouges en forme de S, differemment.

Buissons de vert obscur.

C

Cailloux par des zero & tantôt par des points.

Canal, s'il est découvert & rempli d'eau, on le lavera d'inde, ou d'outremer; s'il est couvert, il sera ponctué.

Canal élevé de cendres bleuës. Canon en Profil, l'épaisseur du metail d'un vert bluâtre; & la grandeur de l'ame d'ancre de la Chine, avec la lumiere.

Casemate couverte à l'antique sera ponctuée sur le flanc.

Casernes comme les maisons. Voiez Maisons.

Cataracte par deux lignes sur la porte qui seront graduées de distance en distance également par des points.

Pour les Cavaliers, leur plateforme comme le terre-plain. Leur parapet comme celui de la Place.

Cavin, premierement par des longs traits qui marqueront son panchant, & l'endroit le plus enfoncé, & ensuite lavés d'ancre de la Chine.

Chambre d'un mortier, grenade, pot à feu, boulet creux, bombe, carcasse, &c. en profil, d'ancre de la Chine unie.

Chandelier, ouvrage de bois propre à couvrir des Travailleurs dans la tranchée sera lavé de bistre.

Chausses-trapes par des étoiles d'ancre de la Chine.

Chemin couvert, ou *Coridor*, sera laissé tout blanc si l'on veut. *Chemin des rondes* tout blanc.

Chemins qui sortent d'une ville, & qui servent pour aller d'un lieu à un autre, lavés d'un côté d'ancre de la Chine, ou de biſtre, ou de terre d'ombre.

Chemin entouré de murailles, lavé par des lignes rouges.

Chemin eſcarpé par des traits qui marquent ſon panchant.

Chemin uni, qui n'eſt ni creux, ni élevé, par deux traits d'ancre de la Chine au pinceau, ou bien par un gros trait de biſtre qui marquera ſa largeur.

Cheval de friſe, de biſtre.

Circonvalation, de même que les ouvrages de fortification.

Citernes, ponctuées.

Contre-aproches, d'une couleur contraire à celle des aproches.

Contreforts, rouges.

Contremine, ponctuée, & lavée d'ocre.

Contrevalation de même que les lignes de circonvalation.

Cordon, ſera laiſſé tout blanc.

Courtine, par une ligne rouge, ſi elle eſt de maſſonnerie.

Cours d'une Riviere, & d'un Fleuve, par une fléche qui a la pointe tournée du côté de son panchant.

Cuvette, par une couche de lavis plus forte que celle du fossé.

D

Descentes, par deux lignes qui en terminent les largeurs, & lavées de deux côtez d'ocre finie.

E

Pour les *Eglises*, l'épaisseur de leurs murailles noires, ou bien de vermillon comme un gros mur, le dedans de rouge, une croix au milieu.

Embrasures de noir, lors que le parapet est blanc, ou bien laissées blanches & finies d'ancre de la Chine de deux côtés lors que le parapet est rouge, ou de massonnerie.

Entre-toises de bistre.

F

Fassines de bistre.
Fausse-braye, toute blanche.
Flasque, de bistre.
Fontaines, de bleu.
Fossé plein d'eau, d'inde, ou d'outremer.
Fossé sec, d'ocre.
Fourneau, ponctué, & rempli d'ancre de la Chine.
Fraise, ouvrage de fortification, de bistre.

G

Gabions, de brun rouge.
Galerie, aproche des assaillans, ponctué.
Gason en profil, d'ancre de la Chine unie.
Glacis, d'ancre de la Chine finie du côté du panchant; d'autres veulent que ce soit au contraire.
Gravier, *Sable* & *Cailloux*, ponctués.

DE LAVER.

Guerite, son contenu marqué exactement, ou laissé tout blanc.

H

Haie vive, de vert.
Haie morte, de brun rouge, ou de bistre.
Herbes, ou *plantes*, de vert.

I

Jardins, dessinés avec la plume par des points courants, couverts tantôt de vert obscur, & tantôt de vert jaunâtre.
Icnographie, ou Plan; c'est le dessein de quelque Ouvrage que ce soit, où l'on voit toutes les largeurs, & les longueurs.

L

Lumiere du Canon, se laisse toute entourée d'un cercle blanc.

M

Madriers se lavent de terre d'ombre, ou de bistre.
Maisons, leur contenu, de car-

min fini vers le milieu, leurs murailles pourront se marquer d'une petite ligne noire.

Marais, dessinés avec l'ancre de la Chine en forme de joncs, & ensuite lavés avec d'inde.

Mer, d'outremer & d'inde dans les lieux les plus obscurs.

Mine, ponctuée.

Montagnes, leur hauteur se marque avec la plume, tantôt par de longs points approchés les uns des autres de côté seulement, & renforcés du côté des ombres. Ou bien autrement on les marque par de longs & grands traits, qui commencent à leur sommet, & finissent à l'extremité de leur panchant, en contournant. Ce qui fait paroître leur élevation. On leur supose un jour.

Mortier, le profil de son metail, de cendres bleuës, ou de vert bluâtre, & l'ame d'ancre de la Chine.

Moulinot par une croix lavée de bistre.

Mousse, d'un mélange de coups, tantôt de jaune, de terre d'ombre, de vert, & même de brun rouge.

Muraille, ou *gros Mur* dans un plan où il y aura d'autres petites murailles : le gros mur sera lavé de cinabre, ou d'une grosse ligne noire; & les autres petites murailles, de carmin.

Muraille en profil, sera toute noire, ou lavée de carmin uni.

Muraille élevée, on marquera avec la plume la grandeur des pierres, & tout ce qu'elle peut contenir de considerable. Ensuite on la lavera avec du carmin uni fort tendre, après avoir donné les ombres necessaires.

N

Niveau de la campagne, par une ligne ponctuée.

O

Ondes, ou *vagues de la mer* doivent être dessinées à la plume, & ensuite lavées avec de l'outremer fort clair du côté de l'ombre.

Orgues, voiez cataracte.

Orthographie, ou *Profil*, eſt une coupe de quelque ouvrage que ce ſoit qui repreſente la hauteur & la largeur ſeulement. D'autres veulent que ce ſoit une Façade, qui quoi qu'elle repreſente les hauteurs & les largeurs, ne paroît pourtant point coupée.

P

Paliſſades, de terre d'ombre.

Parapets, d'ancre à la Chine unie.

Place d'armes ſe laiſſe toute blanche.

Plage ſe fera ponctuée, & lavée d'ocre finie du coté de l'ombre.

Plate-forme ſe laiſſe toute blanche.

Plate-forme pour le Canon, ſi elle eſt de brique, on marquera les briques par de petits & longs traits de carmin; mais ſi elle eſt faite de madriers, ou groſſes planches, on la lavera de biſtre.

Petard, s'il eſt de fer, ſon profil

sera lavé d'ancre de la Chine : mais s'il est de fonte, d'un vert bluâtre.

Piquets, de terre d'ombre.

Pont-levis, voiez baccule.

Porte de ville, par une croix.

Poutres, de terre d'ombre.

Prairies lavées vertes obscures, du côté où elles sont arrosées, & vertes jaunâtres du côté où elles ne le sont pas.

Profil, voiez Icnographie.

Projetté, *Ouvrage projetté*, quel que ce soit, marqué par des lignes noirés, & lavées de jaune de Gutta Gamba, les gros murs d'orpiment, plutôt que de saffran. Mais si les gros murs sont trop gros, ils seront marqués d'ancre à la Chine unie.

Puits en petit, par une ligne rouge & ronde, remplie d'inde, ou d'outremer. Mais en *grand*, par une ligne blanche qui entoure un cercle uni d'ancre de la Chine.

R

R*Ameau d'une mine*, ponctué.
Rempar. Voiez ses parties.

Retranchements, ponctués.

Rivieres & *Ruiſſeaux*, d'inde, ou d'outremer finis de deux côtés.

Rochers deſſinés à la plume, & lavés ſuivant leur coloris.

Ruiſſeaux. Voiez Rivieres.

Ruës ſe laiſſent toutes blanches.

S

Sable. Voiez Gravier.

Saignée du foſſé, ponctuée.

Sape, ponctuée, & comme égratignée par de petits traits longs.

Sauciſſe, par deux petites lignes ponctuées, lavées d'ancre de la Chine unie.

Scenographie, eſt le deſſein d'un Ouvrage élevé, tantôt en perſpective, & tantôt autrement.

T

Ablovins, de terre d'ombre.

Terrain lavé ſuivant ſon coloris.

Talud de la muraille en dehors, ſe laiſſe tout blanc lors qu'il eſt petit; mais autrement on le lave de carmin foible, & fini du côté le plus élevé. On en fera de même de tous les autres Taluds de maſſonnerie.

Talud de terre chargé de gaſon, lavé de vert.

Talud de terre ſans gaſon, lavé d'ocre.

Talud des Rochers, ou *Rochers eſcarpés*, laiſſés tous blancs, & leurs fentes marquées par des lignes noires.

Terre labourée, par des lignes à points courans, & lavées d'un côté plus que d'un autre, pour marquer leur ſeparation des autres terres qui feront lavées tantôt d'un jaune-vert, tantôt d'un vert-obſcur, tantôt d'un rouge-obſcur, tantôt d'un rouge-verdâtre, &c.

Terre non labourée ou *inculte*, ſi elle eſt couverte de chaume, on la lavera d'ocre, autrement d'ancre à la Chine fort claire, ſupoſant une ombre ſi on la veut faire relever.

Terre-plain, ſera laiſſé tout blanc, ou bien autrement, on le lavera d'ancre de la Chine qui finira du côté du parapet, ou bien de brun-rouge fini.

Tranchée, lavée d'ocre.
Traverſe, ſera ponctuée.

V.

Vaiſſeau, ſes parties de bois, ſeront lavées de biſtre. Ce qui ſera de fer, d'ancre de la Chine, de même que les cordages.

Vignes. On ſe ſervira d'un vert-obſcur dont vous formerez un 8, entrelacé d'une ligne noire qui marquera le piquet qui ſoûtient les ſarments. Ou bien autrement, on les marquera par de petites croix vertes de S. André, au-deſſous deſquelles on fera un petit trait qui marquera l'ombre.

Voute, toute ſorte de voute, ſe marque par des points.

F I N.

www.ingramcontent.com/pod-product-compliance
Lightning Source LLC
Chambersburg PA
CBHW070253230526
45470CB00002B/587